«Cada padre sueña con
perdurable influencia.
confesiones sinceras, il
una estratégica bíblica que da en el blanco. ...
este libro cuando mis hijos eran pequeños».

Dr. Daniel Henderson,
presidente, Strategic Renewal International;
pastor principal, Arcade Church, Sacramento, California

«De vez en cuando sale un libro que no podemos darnos el lujo de pasarlo por alto. Este es uno de ellos. Los padres que estudien estas páginas serán cambiados, retados y renovados para enfrentar la maravillosa y aterradora tarea de criar hijos semejantes a Cristo. No compren un solo ejemplar. ¡Compren una docena!»

Phil Callaway, autor de *Growing Up on the Edge of the World*
y *I Used to Have Answers, Now I Have Kids*

«*Crianza con propósito* es un consejo oportuno y eterno, ayuda fresca para un antiguo reto: criar hijos de acuerdo al corazón de Dios. Usando como piedra de toque los requisitos del apóstol Pablo para los líderes de la iglesia, Margaret Buchanan (me encanta su nombre) explora la manera en que los padres pueden moldear en sus hijos estas cualidades del carácter. A sus interrogantes trae franqueza, humor, humildad y sabiduría, y a la vez nos brinda una obra que es práctica e inspiradora; un manual que de igual manera beneficiará el hogar y la iglesia. Lo único que lamento es: que este libro no se escribiera una generación atrás».

Mark Buchanan, autor de *Things Unseen: Living in Light of Forever*
y *The Holy Wild: Trusting God in Everything*

«En una cultura cristiana donde hay muy buenos libros sobre las habilidades de la crianza y el temperamento de los hijos, *Crianza con propósito* estimula el pensamiento en una dirección diferente por completo. Haciendo uso de material bíblico, información sobre estadísticas e ilustraciones prácticas, Margaret Buchanan le extiende una invitación al lector a que considere una pregunta que a menudo los padres obvian: "¿Adónde desea Dios que vuelen nuestros hijos?". Este libro no pretende minimizar el significado de la habilidad, pero eleva la importancia de la madurez. No pasa por alto el valor de la destreza, pero aprecia y recompensa la centralidad del carácter. Su fuerza más perdurable podría radicar en el potencial de estimular a otros escritores para que desempaquen el propósito fundamental de la crianza de los hijos».

Dr. Rod Wilson, presidente, Regent College

Crianza con propósito

12 Características para preparar a los hijos para la vida

MARGARET BUCHANAN

EDITORIAL UNILIT

Publicado por
Editorial Unilit
Miami, Fl. 33172

Primera edición 2005

Originalmente publicado en inglés con el título:
Parenting With Purpose
por Baker Books, una división de Baker Book House Company,
Grand Rapids, Michigan, 49516, USA.

Traducción: Gabriel Prada
Fotografía de la portada: Photodisc por Getty Images

Producto 495368
ISBN 0-7899-1251-1
Impreso en Colombia
Printed in Colombia

Sara, André y Laura,
este libro es para ustedes.
No tengo yo mayor gozo que este,
el oír que mis hijos andan,
corren y danzan en la verdad.

Contenido

Prólogo

Cuando mi libro *La Medida del Líder* se publicó por primera vez en 1974, mi intención era brindar el fruto de mi propio estudio sobre las cualidades del carácter que se mencionan en los requisitos de un obispo (anciano) en 1 Timoteo y Tito. Estas importantes características las usábamos como norma para el liderazgo de nuestra iglesia. Las mismas sirven para identificar y desarrollar individuos maduros en cuyas vidas Dios ha obrado de manera sustancial. Como las normas son eternas, todavía las usamos al seleccionar y desarrollar ancianos en la iglesia Fellowship Bible Church North. Si las iglesias han de crecer, no solo en número, sino en lo espiritual, debemos concentrarnos en el liderazgo fundamentado en el carácter como la norma primordial.

Lo que mi amiga Margaret Buchanan ha hecho es facilitarle la búsqueda a la próxima generación de la iglesia. Comienza con padres e hijos, en lugar de hacerlo con líderes y otros adultos. Su libro permite que la Palabra de Dios penetre en la vida de los jóvenes a fin de desarrollar el carácter desde el principio. Toma estas escogidas cualidades bíblicas y les muestra a los padres cómo apreciar la necesidad, cómo identificar el problema y cómo aplicar la verdad usando medios muy concretos y prácticos.

Si el proceso de instrucción comienza con la necesidad de que los padres consideren la prioridad de modelar dichas virtudes en sus propias vidas, los hijos estarán más dispuestos a desarrollar estos rasgos de piedad a medida que sus padres los instruyen. Si suficientes padres adoptan este método de desarrollo infantil basado en el carácter, la iglesia como entidad estará preparada con líderes dispuestos a ir donde Dios desee llevarnos.

Gene A. Getz.

Reconocimientos

Seguir a Jesús y criar hijos no son ocupaciones solitarias. Requiere de una comunidad segura y solidaria para que las familias crezcan y prosperen. Deseo agradecer a los miembros de Rosemount Bible Church por incluir a nuestra familia en su compañerismo. Dios sabe cuánto los hemos necesitado.

También me gustaría expresar mi aprecio a los amigos, escritores, padres y profesionales que leyeron el manuscrito e hicieron correcciones y sugerencias: Dr. Rod Wilson, Dr. David Dawson, Ginette Cotnoir, Dr. Glenn Smith, Joel Coppieers, Laura Cornett, Trudy Metzger, Janet Sketchley y Robert White, así como a tantos miembros de Word Guild que me brindaron su sabiduría. ¡Ya emití una solicitud para su futura recompensa!

Y gracias a Vicki Crumpton, Kelley Meyne y al equipo de expertos de Baker Book House por tomar el manuscrito y convertirlo en un libro.

Por último, quedo maravillada ante los dos regalos más extraordinarios que Dios me ha dado: el privilegio de ser su hija y la oportunidad de disfrutar su corazón al tener y amar a mis propios hijos. Quizá a veces pienses que fue una idea loca el que las personas grandes hagan personas pequeñas, pero en cuanto a mí se refiere, ¡fue una de las mejores! Gracias, Padre.

1

En busca del blanco

Una de mis mayores sorpresas y placeres en el campamento de verano era el tiro con arco. Sin embargo, debo admitir que la primera vez que el consejero alzó su arco, tiró de la cuerda, lanzó la flecha y dio en el blanco, no me causó mucha impresión. Parecía fácil. Entonces lo intenté.

Durante dos semanas, un día tras otro de verano, aprendimos sobre los diferentes tipos de arcos, de cuerdas, de flechas y hasta de plumas. Tuvimos que familiarizarnos con nuestro equipo. Luego intentamos hacer lazos en la cuerda, doblar el arco y juntarlos: la cuerda derecha y el arco encorvado justo así, ¡sin perder un diente en el intento!

Después que logré enlazar la cuerda al arco, me tomó dos días para descifrar cómo colocar la flecha en la cuerda. Pude haber sido considerada como toda una experta tiradora si tan solo hubiese tenido un blanco pintado en tierra detrás de mi pie derecho, ya que fue allí donde aterrizaron la mayoría de mis flechas. Cuando por fin superé ese paso, tuve que reconocer que todavía desconocía casi todo sobre cómo disparar una flecha.

La crianza de los hijos ha producido un efecto similar en mí. Parecía muy sencillo cuando lo hacían otros. Y cuando no alcanzaban darle al blanco, era fácil descifrar por qué. Entonces lo intenté.

La Palabra de Dios dice: «Los hijos son una herencia del SEÑOR, los frutos del vientre son una recompensa. Como flechas en las manos del guerrero son los hijos de la juventud. Dichosos los que llenan su aljaba con esta clase de flechas» (Salmo 127:3-5). El mismo Salomón vio una relación: los hijos son como flechas; los padres deben llegar a conocerlos y aprender a dispararlos en línea recta.

En mis esfuerzos por buscar información y perfeccionar mis habilidades, comencé con estos dos asuntos básicos sobre la crianza: tipos de flechas y técnicas de disparo, o tipos de hijos y cómo criarlos.

Leí valiosos libros que describían el temperamento de los hijos, estilos de aprendizaje, dones, habilidades y discapacidades. Pasé tiempo con mis hijos. Llegué a conocer a mis flechas. Aun así, ¿entonces qué?

En el tiro con arco, la posición de los pies, el giro del hombro y la manera de doblar el codo son de gran importancia. La técnica, quizá imperceptible al observador casual, es esencial para lograr la excelencia. Asimismo, en la crianza de los hijos, el dominio de varias cosas pequeñas puede producir un éxito rotundo.

Aprendí que los hijos necesitan amor incondicional y disciplina, recompensas y consecuencias, instrucción y reprensión. Debemos proteger a nuestros hijos y a la vez retarlos. Les servimos mientras les enseñamos a servir. Enseñamos a nuestros hijos a orar... y hacer los quehaceres del hogar. Necesitamos establecer un balance entre la afirmación y el enfrentamiento, entre la autoridad y la afinidad, entre la seguridad y la dependencia. Todo esto es más que suficiente para mantenernos bastante ocupados.

Como arquero, cuando llegué a sentirme lo suficiente cómoda con la flecha y la rutina de la cuerda, y tenía una buena idea sobre la fuerza que debía ejercer sobre cada flecha a fin de lanzarla en la dirección adecuada, levantaba la vista y miraba hacia el blanco. En realidad, buscaba *por* el blanco.

Como padres cristianos, deseamos que nuestros hijos se conviertan en hijos de Dios. Queremos que sean buenos, decentes y responsables. Queremos que usen sus dones y que vivan según el máximo de su potencial. Sin embargo, para mí estas metas eran demasiado vagas. Necesitaba metas más claras para no tener que gastar demasiadas energías en asuntos secundarios. Entonces pregunté: *¿Adónde desea Dios que vuelen nuestros hijos? ¿A qué le estoy apuntando?*

El apóstol Pablo entendía con claridad su blanco cuando le escribió lo siguiente a la iglesia de Colosas: «A este Cristo proclamamos, aconsejando y enseñando con toda sabiduría a todos los seres humanos, para presentarlos a todos perfectos en él» (Colosenses 1:28).

Perfección. Madurez. Semejantes a Cristo. Esta era la meta que más necesitaba entender en la crianza de los hijos.

A menudo he escuchado definir a la madurez en función de los requisitos de los ancianos y diáconos en 1 Timoteo y Tito, así que regresé a estos pasajes. Aunque Pablo pinta de manera específica el cuadro del liderazgo eficaz de la iglesia, los rasgos de carácter se usan en otros pasajes de las Escrituras para describir a todos los seguidores obedientes del Señor Jesús. También reconocí, como escribe Gene Getz en su libro *La Medida del Líder*, que «un hombre de Dios no "surge de pronto". Hace falta tiempo para llegar a ser semejante a Jesucristo; un proceso, desde luego, que no termina hasta que estemos con Él»[1]. Por lo tanto, este es un proceso que debemos comenzar lo antes posible.

Empecé a sentir que el borroso blanco se iba aclarando. Al estudiar cada una de estas características, pude reconocer que las mismas eran interdependientes, describiendo la piedad desde ángulos diferentes, pero siempre moviéndose en una misma dirección. Descubrí un abundante tesoro de verdad para transformar mi propio comportamiento. Al final no solo supe hacia dónde apuntar a mis hijos, sino también cuánto trabajo tendría en mi vida para establecer el ejemplo y dirigir el camino.

Así que ahora coloco mis flechas en el arco, reviso mi postura y repaso mi técnica. Con una mayor comprensión de esas características del carácter tomadas de la Palabra de Dios, comienzo a aprender el arte de criar hijos con propósito.

2

Dominio propio

Es necesario que el obispo sea [...] sobrio, prudente.
1 Timoteo 3:2, RV-60

Pues Dios no nos ha dado un espíritu de timidez, sino de poder, de amor y de dominio propio.
2 Timoteo 1:7

El fruto del Espíritu es [...] dominio propio.
Gálatas 5:22-23

El chico de cinco años de edad marchó resuelto hacia la oficina del médico. «¿Cómo te llamas?», preguntó el médico con apariencia de abuelo.

«Soy Batman. Soy Superman. Soy el hombre araña. Y soy más fuerte que usted», fue la inequívoca respuesta del pequeño y delgado chiquillo que a decir verdad no le intimidaba la estatura ni la autoridad de su nuevo amigo.

La respuesta del médico fue sabia y retadora: «La persona más fuerte del mundo es la que ha aprendido a controlarse a sí mismo».

No sé si el hombre sabía algo de las Escrituras, pero sus palabras reflejan el mismo sentir de Pablo cuando no solo exhorta a los ancianos y diáconos, sino también a los jóvenes, a las jovencitas y a las ancianas para que ejerzan disciplina sobre sus pasiones y acciones.

José bajo control

José era el tipo de persona que entendía tal disciplina. También era el favorito de sus padres, hasta el punto de que sus impetuosos hermanos mayores sentían celos de él. Es más, lo odiaban tanto que lo vendieron a unos mercaderes que lo llevaron a Egipto.

Allí, José consiguió un empleo insignificante y se esforzó hasta ascender a un puesto administrativo. Sin embargo, todo se derrumbó el día que lo acusaron con falsedad.

Parece ser que la esposa de su supervisor se había fijado en José desde que comenzó a trabajar. Un día, cuando su esposo estaba en un viaje de negocio, la señora Potifar intentó de manera descarada seducir al joven. En el lugar no había nadie, el jefe se había marchado y la mujer estaba dispuesta.

Entonces José dijo no. En realidad, corrió en dirección opuesta, primero en sus emociones, luego de forma literal. Ella no daba crédito a lo que sucedía y se aferró a su manto. La mujer todavía tenía en sus manos la evidencia delatadora cuando el esposo llegó a casa.

¿Su historia? «Tu nuevo protegido se aprovechó de tu ausencia para acosarme. Aquí tengo su manto como evidencia».

A José, la víctima inocente, lo encarcelaron bajo cargos de asalto.

Allí permaneció hasta que el faraón tuvo un sueño que nadie podía interpretar. El mayordomo del faraón, un ex prisionero, le habló al faraón de José, y el faraón lo mandó a buscar de la cárcel para que interpretara el sueño. También reconoció, después de escuchar la recomendación de José respecto a la escasez de alimento que se avecinaba, que este hombre poseía un inigualable sentido de organización y delegación. Entonces José, hijo de Jacob, se convirtió en el gobernador de Egipto y más tarde salvó a su propia familia, y a un país entero, de la hambruna.

No estoy segura que hubiera reaccionado como José cuando lo traicionaron sus hermanos, lo persiguió la señora de Potifar o cuando tuvo la oportunidad de vengarse. ¿Qué hubieras hecho tú? ¿Qué hubieran hecho tus hijos?

La mirada en el blanco

En 1 Timoteo 3 leemos «que el obispo sea [...] sobrio, prudente».

Los escritores del Nuevo Testamento usan diferentes palabras griegas para comunicar el mismo significado. *Sofron*, se traduce como «sobrio» o «uno que ejerce dominio propio». Al referirse a las mujeres en Tito 2:5-6, *sofron* implica modestia. Esta palabra sugiere «el ejercicio del dominio propio que gobierna todas las pasiones y deseos, posibilitando al creyente ser conformado a la mente de Cristo»[1].

En 1 Timoteo 3:2 la palabra *sobrio*, usada para describir al anciano, viene de la palabra griega *nephalios* y se refiere a «uno que domina sus deseos y pasiones, sobre todo sus apetitos sensuales»[2].

Llámalo como quieras: dominio propio, prudencia, sobriedad o moderación, este rasgo de carácter involucra el total dominio de los impulsos con el fin de vivir una vida piadosa. El dominio propio influye en muchas otras cualidades del carácter incluyendo las relacionadas con la ira, la pureza, la adicción, el lenguaje, la arrogancia y el dinero. Los que controlan sus emociones pueden detener un impulso antes de que se convierta en una acción, a fin de aplazar la gratificación, reflexionar sobre las consecuencias de una acción en particular y escoger el mayor bien. Estos prestan oídos sordos al clamor de la satisfacción propia y prestan atención a la voz que susurra las necesidades de los demás.

El médico tenía razón: Los más fuertes son los que deben aprender a dominarse a sí mismos.

Orden desde dentro hacia fuera

Dios es un Dios de orden, lo cual ha demostrado en su creación y en su reino teocrático sobre Israel, y con esperanza en su iglesia. En contraste, los bebés nacen sin haber leído libros sobre rutina, autoridad, manejo de comportamiento o responsabilidad. Responden a los estímulos sensoriales y a sus propias necesidades inmediatas. Son encantadores bultos de potencial, pero son egoístas y desorganizados.

El dominio propio no es algo que viene con naturalidad; se debe aprender. El mismo niño debe controlar el medio y su comportamiento. Comenzamos tomando decisiones para nuestra parvulita, al ordenar su rutina y mundo físico. Como padres, nuestra meta final es ayudarla a interiorizar esas estructuras externas.

Los bebés y los párvulos que empiezan a caminar necesitan rutinas y límites para sentirse seguros. Las comidas regulares, la hora de acostarse y las áreas de juego brindan un contexto saludable para la instrucción y otras reglas y expectativas familiares. A fin de promover un sentido de orden y control, la constancia es clave. Si a Jenny no le permitieron brincar en la cama de Joel ayer, tampoco puede hacerlo hoy. Si mamá insiste en que Estefanía use guantes para jugar en la nieve, papá debe apoyar los mismos requerimientos.

El cambio de reglas, en especial a los niños pequeños, promueve confusión e inseguridad. El establecimiento de un orden en el exterior es la base del dominio propio.

El aprendizaje del dominio propio, no obstante, es diferente a la rata de laboratorio que aprende a navegar por un laberinto. Nosotros queremos que nuestros hijos no solo sigan un patrón de comportamiento que acepte la sociedad (por ejemplo, comer con un tenedor), sino que lleguen a ser seres independientes con la facultad de hacer decisiones, con la sabiduría de tomar las buenas decisiones y con la madurez de asumir responsabilidad (por ejemplo, decir no a la relación sexual prematrimonial). Para hacer esto, los hijos interiorizan los valores junto con la disciplina propia.

Veamos, cuando tus hijos son pequeños, eres tú la que escoges sus compañeros de juego. A los hijos de más edad los guías hacia relaciones de amistad aceptables. En la adolescencia, ellos deben tener la capacidad de escoger a sus amigos sobre la base de lo que les has enseñado.

¿Quién es la persona encargada?

Los padres de Samuel, de cuatro años de edad, tenían la costumbre de explicarle y discutir la mayoría de sus requisitos con él. Un día, el papá de Samuel estaba cortando la rama de un árbol y no se percató de que su hijo jugaba debajo de ella. Cuando llena de pánico la mamá gritó: «¡Samuel, ven aquí ahora mismo!», el pequeño la miró y preguntó: «¿Por qué?». La mamá aprendió su lección.

La autoridad paternal debe establecerse cuando los niños son pequeños, así aprenden a hacer lo que se les dice cuando se les dice. Durante la edad escolar y la adolescencia, cuando más discusión es apropiada y necesaria, mamá y papá todavía tienen la última palabra.

Los Proverbios bíblicos se escribieron «para recibir la corrección que dan la prudencia, la rectitud, la justicia y la equidad» (Proverbios 1:3). Con el fin de que los hijos adquieran dominio propio, la responsabilidad descansa sobre los padres que deben enseñar, corregir, reprender y castigar a sus hijos. «El mandamiento es una lámpara, la enseñanza es una luz y la disciplina es el camino a la vida» (Proverbios 6:23).

La disciplina bíblica involucra consecuencias, tanto negativas como positivas. Las recompensas que se fundamentan en la firme aprobación y estímulo paternal logran muy buenos resultados en cuanto a reforzar el buen comportamiento. Diles a tus hijos lo que notas cuando hacen cosas buenas. Tu afirmación es una de las recompensas más eficaces.

Las consecuencias negativas podrían incluir un tiempo de castigo en un sitio aparte de los demás, la pérdida de privilegios o el castigo físico. El antagonismo emocional, como por ejemplo los gritos, el uso de apodos y el aislamiento relacional («¿Por qué tuve que ser yo la que terminara con un hijo como tú?) son perjudiciales y contraproducentes en extremo.

Las consecuencias naturales son a menudo la manera más simple y eficaz de enseñar obediencia. El niño que no hace caso cuando se le llama a la mesa para cenar, podría descubrir que cuando llega media hora después ya no hay nada servido. Las ropas o juguetes que no se recogen se confiscan, y para recuperarlos tienen que ganárselos. El chico que abusa de sus privilegios en cuanto al excederse en el tiempo que puede usar su computadora, pierde dicho privilegio por varios días.

Es una buena idea evitar el conflicto emocional todas las veces que sea posible. Cuando nuestros hijos se comportan de manera inapropiada, a menudo solo podemos aplicar las consecuencias que se discutieron con anterioridad sin tener que enfrascarnos en una lucha de poderes.

Dirigiéndose a los hijos, Pablo les instruye que sean obedientes con sus padres en todas las cosas (Efesios 6:1; Colosenses 3:20). A los padres les advierte que no abusen de su autoridad al provocar e irritar a sus hijos. La obediencia a los padres amorosos es el principio del dominio propio, y esto no es una opción.

Moisés y los bombones de altea

Un psicólogo de la Universidad de Stanford condujo un fascinante estudio a principios de la década de 1960 conocido como la prueba del bombón de altea. En una habitación colocaron a un grupo de niños de cuatro años de edad; a cada uno se le puso delante un bombón. La prueba se llevó a cabo de la siguiente manera: El instructor se marchaba de la habitación por un período de quince a veinte minutos para hacer un mandado. Cada niño que esperara hasta el regreso del instructor para entonces comenzar a comer, lo recompensaría con un bombón adicional. De otra manera, podían comerse su bombón cuando quisieran y como resultado renunciar al segundo bombón.

Los estudios complementarios indicaron que los niños que pudieron esperar por la recompensa mayor demostraron tener mejores calificaciones académicas y mayor éxito social en años subsiguientes[3]. Este principio de gratificación aplazada es bíblico.

En Hebreos leemos: «Por la fe Moisés, ya adulto, renunció a ser llamado hijo de la hija del faraón. Prefirió ser maltratado con el pueblo de Dios a disfrutar de los efímeros placeres del pecado. Consideró que el oprobio por causa del Mesías era una mayor riqueza que los tesoros de Egipto, porque tenía la mirada puesta en la recompensa» (Hebreos 11:24-26). Cuando se probó a Moisés, lo que estaba en juego era más importante. Cuando pasó la prueba, se liberó a toda una nación del cautiverio.

Moisés no solo aplazó el deleite y el placer, sino que escogió el sufrimiento con el fin de obtener la promesa que no podía ver.

Este ejercicio de esperar se puede practicar a menudo en nuestras rutinas diarias. Los niños deben esperar que todos se sienten a la mesa y oren juntos antes de empezar a comer. Esperan su turno para usar el *Playstation*, la computadora o el teléfono. Los niños ganan ciertos privilegios a medida que van creciendo y de ese modo esperan por un horario de acostarse más tarde, un aumento en el dinero que cada semana reciben de sus padres o permiso para salir solo con alguien del sexo opuesto o manejar. Invertir tiempo y energía hacia una meta a largo plazo al estudiar duro, practicar un instrumento musical o entrenar para una competencia atlética involucra dolor y perseverancia, pero la recompensa es carácter, y con el favor de Dios el éxito. Aprender a controlar sus pasiones, sus deseos caprichosos y hasta sus necesidades, enseñará a nuestros hijos a vivir por fe y a esperar lo mejor de Dios para ellos.

Decir no

El dominio propio implica tener que decir no: rehusar la seducción de nuestra naturaleza de pecado hacia la maldad. Un niño al que nunca le han dicho no tendrá dificultad en resistir la tentación cuando esta toque a su puerta.

Santiago lo expresa de esta manera: «Así que sométanse a Dios. Resistan al diablo, y él huirá de ustedes» (Santiago 4:7). En 1 Pedro leemos: «Practiquen el dominio propio y manténganse alerta. Su enemigo el diablo ronda como león rugiente, buscando a quién devorar. Resístanlo, manteniéndose firmes en la fe» (5:8-9).

En sus instrucciones al joven Timoteo, Pablo dice: «Huye de las malas pasiones de la juventud» (2 Timoteo 2:22). A la iglesia en

Corintio le exhorta que «huya» de la inmoralidad sexual (1 Corintios 6:18) y de la idolatría (1 Corintios 10:14).

José es un gran ejemplo de alguien que fue capaz de resistir y huir. Un logro aun mayor que decirle no a la esposa de Potifar fue decirle no a sus propias pasiones. Es ahí donde se libra la verdadera batalla.

A menudo nuestros hijos se prueban en este aspecto cuando están con sus amigos o en algún otro hogar. Mamá y papá no se encuentran presentes y allí tienen la oportunidad de mirar una película cuestionable, probar alguna sustancia prohibida, mirar una revista para «adultos» o imitar el comportamiento inaceptable de sus compañeros.

Es peligroso imponerles nuestros valores a nuestros hijos para que solo en lo externo cumplan con ellos. En su lugar, debemos darles la oportunidad de tomar decisiones morales mientras estamos lo suficiente cerca para saber lo que hacen y dirigirlos en el uso de su discernimiento. Nuestra meta es enseñarles a darles las espaldas a la tentación, basados en sus propias convicciones internas.

Pausa para meditar

Cuando el médico pega ligeramente con un martillo sobre la rodilla de una pequeña niña, su pie salta como reflejo. Cuando su hermanito toca su pintura, sus brazos se extienden, lista para empujarlo. Nuestros hijos actúan por sus reflejos de manera natural; es la reacción automática al estímulo.

Una persona madura puede detenerse y decidir cuál va a ser su respuesta. Santiago enfatiza el «principio de la pausa» cuando escribe: «Todos deben estar listos para escuchar, y ser lentos para hablar y para enojarse» (Santiago 1:19).

Aun en medio de nuestros aparentes irresistibles impulsos, Dios desea hablar. Él puede quebrantar la garra de la tentación y darnos la oportunidad de dirigirnos en dirección contraria. Necesitamos saturar las mentes y los corazones de nuestros hijos con principios morales bíblicos, a fin de que puedan responder con una buena acción al instante.

El dominio propio no significa flotar con suavidad a través de nuestra existencia sin luchas ni emociones. Significa sacarle provecho a la pausa entre un impulso y una acción, a fin de escoger y hacer lo bueno.

Cuando se encoleriza el genio, y en el calor del momento los hijos dicen y hacen cosas indebidas, no se logra mucho con el regaño. Es mejor hablar cuando los chicos se hayan calmado, cuando estén alejados de la situación y cuando puedan ser abordados en privado. Aun así, las lecciones son contraproducentes. Las personas de todas las edades se niegan a que se les diga lo que tienen que hacer. Podemos enseñar principios de dominio propio, de la no violencia y el perdón en un momento neutral y luego guiar a nuestros hijos a la aplicación de dichos principios cuando surjan determinados problemas. Esto ayudará a establecer un plan de acción para lidiar como es debido con futuros conflictos.

Doma las emociones

Los personajes bíblicos eran personas reales, a veces tan reales que nos avergüenzan. David danzó con gozo. También rasgó sus vestidos y ayunó y gimió de pena. Jesús jugó con los niños y oró hasta que sudó sangre.

Las fuertes emociones de Sansón lo llevaron a través del orgullo, la rabia, la venganza, la pasión y la humillación. Casi de la noche a la mañana Elías pasó de la intensa emoción a la depresión.

Nuestra constitución emocional es parte de la imagen de Dios en los seres humanos. Los sentimientos son los que mueven nuestras vidas de lo blanco y negro a lo colorido. Toda la gama de emociones es un regalo. Saber cómo expresar bien nuestros sentimientos es una responsabilidad.

Yo trato de tener en mente tres principios al guiar a mis hijos a controlar la expresión de las emociones:

1. Está bien que tenga este sentimiento, Dios me lo dio.
2. ¿Cómo lo expreso de una manera que enorgullezca a Dios?
3. ¿Va a herir o ayudar a otras personas que ama Dios?

Yo, a mí, ¿y a quién?

A José, aun de joven, lo admiraban por sus capacidades en la administración y el liderazgo, así como por su asombrosa habilidad de interpretar sueños. Sin embargo, no alardeó de sus talentos. El angustiado faraón solicitó su ayuda diciendo: «He oído decir de ti, que oyes sueños para interpretarlos. Respondió José a Faraón, diciendo: No está en mí; Dios será el que dé respuesta propicia a Faraón» (Génesis 41:15-16, RV-60).

A lo largo de los años de oscuridad, así como durante los períodos de gloria, José tuvo cuidado de reconocer que sus conocimientos y capacidades eran dones de Dios. Logró vencer al demonio del orgullo que nos asedia a todos.

La palabra para dominio propio también se usa en el contexto del estado de sobriedad mental: tener una evaluación adecuada de nuestra propia capacidad y valor. El balance lo vemos de unan manera hermosa en estos dos versículos: «Separados de mí no pueden ustedes hacer nada» (Juan 15:5); «Todo lo puedo en Cristo que me fortalece» (Filipenses 4:13).

Redime el tiempo

Pedro poseía la habilidad especial de colocar la vida presente en perspectiva con la esperanza futura. «Ya se acerca el fin de todas las cosas. Así que, para orar bien, manténganse sobrios y con la mente despejada» (1 Pedro 4:7). «Por eso, dispónganse para actuar con inteligencia; tengan dominio propio» (1 Pedro 1:13).

Jesús va a regresar, quizá sea hoy. Como creyentes, sabemos que tenemos una obra por hacer, y sabemos que para cumplirla debemos pensar con claridad. Un mundo perdido y solo se debe ganar para Cristo. Se debe llegar a las personas heridas y amarlas. Si en lo personal los creyentes no ejercen dominio sobre sus emociones, siempre se enfocarán en ellos mismos sin poder establecer prioridades, discernir necesidades y sin dar de sí mismos a los demás.

Al ser cada vez más conscientes de nuestra misión en la vida y expresarles nuestras metas a nuestros hijos, ellos también aprenderán a vivir vidas llenas de propósito. Muchos individuos y familias crean una declaración de misión que los ayuda a mantenerse enfocados y usar su tiempo de tal manera que se adapte al llamado de Dios para sus vidas. Aun sin tener un plan oficial, una familia que es consciente de una pasión común, un talento musical por ejemplo, puede invertir en instrucción y usar sus talentos en el ministerio.

La vida es corta. Ejercitar el dominio propio es esencial si vamos a evitar desperdiciar nuestro tiempo. «Así que tengan cuidado de su manera de vivir. No vivan como necios sino como sabios, aprovechando al máximo cada momento oportuno, porque los días son malos» (Efesios 5:15-16).

Listos, apunten...

En 2 Timoteo 3:3, el apóstol predice que en los últimos días, entre una espléndida variedad de vicios, las personas carecerán de dominio propio. Desde el niño de tres años de edad que en el mercado le da una rabieta, al airado chico de nueve años que descarga azotes en el patio de la escuela, hasta el adolescente promiscuo, la evidencia señala al hecho de que nuestros hijos crecen en esta generación.

Dios llama a nuestros hijos, y a nosotros, a ser diferentes. El Espíritu Santo quiere producir el fruto del dominio propio en nuestras vidas. Él nos da la responsabilidad de apuntar cada una de nuestras pequeñas flechas en esa dirección.

Preguntas para reflexión y discusión adicional

1. ¿Qué puedes hacer para lidiar con el dominio propio en tu vida y enseñarles a tus hijos las siguientes cualidades?
    - Sujeción a la autoridad
    - Ser capaces de esperar
    - Resistir la tentación
    - Pensar antes de actuar
    - Expresar emociones apropiadas
    - Humildad
    - Vida con propósito
2. Cuáles son algunas maneras saludables para expresar
    - Temor
    - Ira
    - Entusiasmo
    - Celo
    - Alegría
3. Daniel Goleman escribe: «Los más inteligentes entre nosotros pueden irse a pique en los bancos de arena de sus pasiones desenfrenadas e ingobernables impulsos; las personas con elevados coeficientes intelectuales pueden ser pasmosamente pobres pilotos de sus vidas privadas»[4]. ¿Por qué cree este autor secular que el dominio propio es más importante para el éxito que la mucha inteligencia?
4. ¿Qué quiere decir Proverbios 25:28 cuando expresa que una persona que carece de dominio propio es «como ciudad sin defensa y sin murallas».
5. ¿De qué manera específica puedes orar por ti y tus hijos en la esfera del dominio propio?

3

Creencia

[El obispo] no debe ser un recién convertido,
no sea que se vuelva presuntuoso.
1 Timoteo 3:6

[El obispo] debe apegarse a la palabra fiel, según la enseñanza que recibió, de modo que también pueda exhortar a otros con la sana doctrina y refutar a los que se opongan.
Tito 1:9

«Ama al Señor tu Dios con todo tu corazón, con toda tu alma,
con toda tu mente y con todas tus fuerzas».
Marcos 12:30

Elí disfrutaba de un asombroso privilegio: Como sumo sacerdote en el tabernáculo, representaba a Dios ante el pueblo y el pueblo ante Dios. Tenía acceso al Lugar Santísimo, la misma presencia y gloria de Dios.

Elí llevaba la vestimenta adecuada y cantaba los cánticos apropiados. Seguía las reglas... casi siempre. Desempeñaba las funciones sacerdotales para una nación y crió al pequeño Samuel para que fuera siervo de Dios.

Sin embargo, Elí era un papá malo.

Sus dos hijos, sacerdotes de menor rango, se robaban la mejor carne de las ofrendas antes de hervirlas. También tenían relaciones sexuales con mujeres que servían a la entrada del tabernáculo. Se describen como seres con «maldad» y no tenían «temor del SEÑOR». Eran malos debido a que Elí pasó por alto su desobediencia durante muchísimo tiempo. Sus hijos «estaban blasfemando contra Dios y, sin embargo, *no los refrenó*» (1 Samuel 3:13).

El pecado de Elí no era la rebeldía de sus hijos. Ese era el triste resultado de su problema. La acusación de Dios era que Elí no seguía el corazón y la mente de Dios. Cumplía sus responsabilidades sin saber las razones, sin sentir el latido del corazón. Jesús dijo: «El celo por tu casa me consumirá» (Juan 2:17). El alma de Jesús ardía con un profundo anhelo por la gloria de Dios. La de Elí no.

Elí tenía religión sin convicción, sin pasión.

Sus hijos murieron en sus pecados sin un padre que pudiera mostrarles cómo vivir.

La mirada en el blanco

El obispo debe ser un creyente, pero más específico aun, no «un recién convertido» (1 Timoteo 3:6). El individuo de carácter piadoso está lleno de la Palabra de Dios y la aplica a las situaciones de la vida cotidiana. Esto no es posible para un nuevo creyente. El autor de Hebreos dice: «Todo aquel que participa de la leche es inexperto en la palabra de justicia, porque es niño; pero el alimento sólido es para los que han alcanzado madurez, para los que por el uso tienen los sentidos ejercitados en el discernimiento del bien y del mal» (Hebreos 5:13-14). La ejercitación y «el uso» constante solo se llevan a cabo durante un largo período y, por lo tanto, debe comenzar en la niñez.

Aunque es importante que los padres enseñen a sus hijos, debemos entender que la conversión, o la decisión de seguir a Cristo, le pertenece al individuo. Ningún padre puede forzar dicha experiencia. A la larga, la voluntad de nuestros hijos es la que debe responder a la obra del Espíritu.

En su libro sobre la conversión, Gordon Smith escribe lo siguiente: «Estamos hablando, entonces, de la obra de Dios en nuestras vidas. Esta obra es milagrosa y maravillosa; experimentamos gracia, vida y renovación que no podemos atribuir a fenómenos naturales ni lógicos en nuestro mundo. Sin embargo, parte de la maravilla de nuestra conversión es que Dios nos acercó hacia sí y nos permitió apropiarnos de su gracia a través de medios que parecen ser extraordinariamente comunes»[1].

Vamos a examinar el significado de la conversión así como algunos de estos medios extraordinariamente comunes.

Conversión a temprana edad y la renuncia matrimonial

Imagínate que recibes una llamada telefónica de una amiga cristiana que casi no puede contener su alegría al comunicarte: «Nunca te imaginarías lo que acaba de ocurrir. La pequeña Laura dice que ha decidido casarse con Kevin. Sé que este es un asunto de vital importancia, pero estoy segura de que ella entiende. ¡Cielos, estoy tan emocionada! ¡Mi niña está enamorada! ¡Tengo muchas ganas de contárselo a su papá!».

La pequeña Laura tiene cinco años de edad y esta escena, por supuesto, es absurda. Es demasiado pequeña para comprender lo que es el amor y el compromiso, y su percepción de Kevin es inmadura. Sí, su sentir es sincero. Sí, sus emociones son reales y válidas. Sí, para una niña de cinco años tiene una comprensión clara del matrimonio. Y si algún día se casa con Kevin, esta historia se relatará una y otra vez como el principio de su noviazgo. Con todo, no hay garantía alguna. Laura es demasiado pequeña.

Así como es imposible asegurar de quién se enamorará un niño más tarde en la vida, también es imposible imaginar que los niños pequeños entiendan el significado de toda una vida de compromiso con la persona de Cristo. Yo misma recuerdo haberle «entregado mi corazón a Jesús» a los seis años de edad. Hoy soy una seguidora. Sin embargo, también conozco amigos y miembros de mi familia que de niños tuvieron semejantes experiencias religiosas y que de adulto no están comprometidos con Cristo.

Buen comienzo

A continuación tenemos algunos de los elementos que deben estar presentes al convertirnos en discípulos de Cristo, que Gordon

Smith llama «buen comienzo». Estos incluyen actitudes y decisiones del seguidor, así como obras de la gracia divina.

- Creer en Jesucristo: una aceptación intelectual de los hechos del evangelio.
- Arrepentimiento: reconocimiento de pecado y ruego por misericordia y perdón.
- Confianza en Jesucristo: experiencia emocional de perdón y gozo, así como de plena entrega a Cristo.
- Transferencia de lealtad: escoger a quién serviremos.
- Bautismo: rito externo que confirma la transformación interna.
- Morada del Espíritu: Dios residiendo dentro del creyente.
- Incorporación a la vida de la congregación: convertirse en miembro del pueblo de Dios.

«Lo que da unidad en estos elementos es que la conversión es un encuentro con Jesucristo, un encuentro en el que la postura de la mente y del corazón es de humildad ante Dios»[2].

Estos varios elementos de comprensión y encuentro rara vez ocurren de forma simultánea, aun para un adulto que puede señalar un momento específico llamado «conversión». El cultivo de una relación es un proceso y la fe se basa en una relación.

Por lo tanto, es normal y saludable que los niños crezcan en su comprensión de quién es Dios, en su deseo de someter sus voluntades a Él y en su capacidad de tomar decisiones basadas en dicho compromiso.

Como padres, nuestra meta no es tanto extraer una «decisión» de los pequeñitos que no están bien equipados para entender o implementar sus implicaciones. Nuestra meta es llenar la mente y el corazón de nuestros hijos con una perspectiva cristiana del mundo, el amor por Dios y el conocimiento de su Palabra y conectarlos con la comunidad de la fe. Y por supuesto, orar cada día por su entrada al reino.

Punto de vista cristiano

En cuanto nacen, nuestros hijos comienzan a adquirir un sentido del mundo que los rodea. Aprenden lo que es aceptable y lo que no lo es; aprenden lo que tiene valor y lo que no lo tiene. A continuación se encuentran algunos principios de vida básicos que se basan en la perspectiva de Dios.

El mundo le pertenece a Él

«Del SEÑOR es la tierra y todo cuanto hay en ella, el mundo y cuantos lo habitan» (Salmo 24:1; véanse también Juan 1:3, Colosenses 1:16).

Un punto de vista cristiano comienza con un Dios Creador. No solo esto nos asegura un diseño inteligente, sino también de significado, propósito y poder soberano. Nuestros hijos necesitan saber que no hay accidentes. Dios gobierna sobre todos, y Él nos creó a cada uno de nosotros y el mundo en el que vivimos.

El apóstol Pablo da un paso más allá cuando relata el plan de Dios al crearnos con el propósito divino de buscarnos.

> El Dios que hizo el mundo y todo lo que hay en él es Señor del cielo y de la tierra. No vive en templos construidos por hombres, ni se deja servir por manos humanas, como si necesitara de algo. Por el contrario, él es quien da a todos la vida, el aliento y todas las cosas [...] Esto lo hizo Dios para que todos lo busquen y, aunque sea a tientas, lo encuentren. En verdad, él no está lejos de ninguno de nosotros, «puesto que en él vivimos, nos movemos y existimos». Como algunos de sus propios poetas griegos han dicho: «De él somos descendientes».
>
> Hechos 17:24-25, 27-28

Creer en un Creador es la base para creer en un Salvador.

Cada vida humana tiene valor

Dios nos creó a su imagen y semejanza. Sopló aliento de vida en Adán, Eva y su descendencia. Cuenta los cabellos que hay en nuestra cabeza. Se complace en lo personal de ser nuestro Papá. En un mundo lleno de dolor e injusticia, sabemos que Aquel que sostiene las galaxias en la palma de su mano se preocupa por nosotros. La vida tiene valor desde el principio de la concepción (Salmo 139:13-16). Cada niño es precioso para el Padre.

La otra implicación del valor de la vida humana es la responsabilidad que deposita sobre nosotros de amar y servir a los demás, sobre todo a los débiles e indefensos.

Dios entiende nuestra humanidad

El Dios de la Biblia vive y trabaja en la inestable realidad de la vida humana, donde hay dolor, gozo, lujuria, duda, ambición, desesperación y confianza. Los asuntos que le importan a Dios, los asuntos del carácter, pertenecen al apasionado campo del corazón humano.

Los hombres y las mujeres de Dios en las Escrituras y a través de la historia de la iglesia han acudido a Dios con crudas experiencias humanas y han descubierto que Él es capaz de consolarlos, convencerlos y cambiarlos. Nos convendría hacer que nuestros hogares y nuestras relaciones fueran lo suficientes seguras para los miembros de la familia a fin de expresar sus verdaderos sentimientos y experiencias. Dios nos se encuentra con nosotros en el lugar que otros desean que estemos; Él se encuentra con nosotros donde nos encontramos.

El bien y el mal existen

Elí, que era conocedor de la ley, fingió no ver los pecados de sus hijos. Cuando los reprendía, lo hacía sin convicción ni consecuencias.

Dios es un tipo de padre diferente. Marca el límite entre el bien y el mal. Tal y como lo hizo con Adán y Eva en el jardín, promete bendiciones para la obediencia y castigo para la desobediencia. Luego deja escoger a sus criaturas.

Ya sea que una persona escoja y se adhiera a la verdad cristiana o no, este mundo se estableció con absolutos morales intrínsecos. Todas las cosas no son relativas. Algún día, cada uno de nosotros dará cuenta por nuestras decisiones, por lo que hemos hecho y dicho.

La belleza y el arte son regalos de Dios

«Los cielos cuentan la gloria de Dios, el firmamento proclama la obra de sus manos» (Salmo 19:1). Dios es un artista, un músico, un escultor, un pintor, un inventor.

La belleza pertenece a Dios. El mejor arte debe proceder de su pueblo. Si vamos a inculcar en nuestros hijos un punto de vista cristiano, se debe cultivar el amor por todo lo que eleva el corazón más allá de lo mundano y trivial.

La eternidad es una realidad

Según la segunda carta de Pablo a los corintios, en realidad no estamos en nuestro hogar en este mundo. Solo acampamos. Y nuestras tiendas de campaña se hacen pedazos (4:16—5:5). La muerte no tiene la última palabra. Tenemos la esperanza de dejar esta tienda de campaña e ir al hogar donde pertenecemos.

La perspectiva eterna también nos enseña que los poderes invisibles batallan a nuestro alrededor. Podemos fingir que los pasamos por alto o podemos unirnos al ejército de Dios y pelear por la justicia.

Dios se revela

La creación nos ofrece un destello del poder soberano de Dios y su hermosura. La Escritura nos enseña su carácter santo y propósito redentor. Jesús, como máxima revelación propia de Dios, nos ama, nos redime y nos lleva a su redil. Se puede conocer a Dios. Tal fue el gemir del corazón de Pablo cuando escribió: «Todo lo considero pérdida por razón del incomparable valor de conocer a Cristo Jesús, mi Señor. Por él lo he perdido todo, y lo tengo por estiércol, a fin de ganar a Cristo» (Filipenses 3:8).

Jesús oró: «Y esta es la vida eterna: que te conozcan a ti, el único Dios verdadero, y a Jesucristo, a quien tú has enviado» (Juan 17:3).

Vitalidad espiritual

El primer mandamiento es amar a Dios con todo nuestro corazón, alma, mente y fuerza. Nuestro ejemplo es esencial aquí. Los hijos disciernen con facilidad la diferencia entre la retórica religiosa y la pasión espiritual. Nuestro amor por Dios será lo que más influirá en sus convicciones y aspiraciones.

Jesús debe estar presente en nuestra rutina diaria, trayendo lo bueno, lo malo y lo divertido. La oración espontánea durante el día indica que confiamos en nuestra conexión con Dios para todos los aspectos de la vida. Nuestros hijos también necesitan ver nuestra hambre por la verdad espiritual en el estudio de la Palabra de Dios, y nuestro deseo de servir a otros al hablarles del evangelio y hacer sacrificios personales.

Enseñanza bíblica

El apóstol Pablo sabía que podía contar con Timoteo si este contaba con su educación espiritual. Escribió:

> Tú, sigue firme en todo aquello que aprendiste, de lo cual estás convencido. Ya sabes quiénes te lo enseñaron. Recuerda que desde niño conoces las sagradas Escrituras, que pueden instruirte y llevarte a la salvación por medio de la fe en Cristo Jesús. Toda Escritura está inspirada por Dios y es útil para enseñar y reprender, para corregir y educar en una vida de rectitud, para que el hombre de Dios esté capacitado y completamente preparado para hacer toda clase de bien.
>
> 2 Timoteo 3:14-17, DHH

Al devorar la Palabra de Dios para nuestra alimentación espiritual, transmitiremos dicho alimento de forma natural a nuestros hijos. Dios dijo a su pueblo Israel: «Grábate en el corazón estas palabras que hoy te mando. Incúlcaselas continuamente a tus hijos. Háblales de ellas cuando estés en tu casa y cuando vayas por el camino, cuando te acuestes y cuando te levantes» (Deuteronomio 6:6-7).

La Palabra de Dios con tu leche materna

- Saca lecciones sobre Dios y la vida de la naturaleza: animales, plantas, planetas
- Lee historias bíblicas apropiadas para la edad
- Representen historias bíblicas
- Escuchen música cristiana
- Memoricen versículos usando acciones
- Haz letreros bíblicos en la computadora y cuélgalos por toda la casa, sobre todo en el baño
- Lee buenos libros con mensaje cristiano (por ejemplo, *Las Crónicas de Narnia* de C.S. Lewis)
- Busca una iglesia donde haya un dinámico programa infantil
- Evita el uso de la Palabra de Dios de una manera aburrida
- Coloca un pedazo de papel con un versículo bíblico en la bolsita del almuerzo de cada hijo
- Comenta lo que aprendes de la Escritura
- Mientras viajan en auto jueguen a «Veinte Preguntas» o «¿Quién soy yo?» con temas bíblicos
- Haz que cada miembro de la familia escoja un versículo para el año
- Disponte a apoyar tus decisiones con principios bíblicos

Todos sabemos que para causar una buena impresión en nuestros hijos, este tipo de enseñanza implica mucho más que la simple repetición de información. Cuando los mandamientos están en nuestros corazones, se los enseñamos a nuestros hijos y modelamos nuestra devoción a la eterna lucha por la obediencia.

El papel de la comunidad

En su libro *Faithful Parents, Faithful Kids*, Greg Johnson y Mike Yorkey recopilaron respuestas de cientos de adultos que se criaron en hogares cristianos. A la pregunta de qué elementos de la vida familiar tuvieron el mayor impacto en guiarlos a Cristo, los «hijos fieles» citaron de manera regular la influencia de otros adultos cristianos como un factor principal. Nuestros hijos necesitan estar conectados a una red de familias fieles.

También necesitan participar en la adoración y vida de la iglesia. Gordon Smith escribe lo siguiente: «Esto se ajusta del mismo modo a la experiencia de conversión y formación de virtudes cristianas y carácter: la madurez espiritual es el fruto de la vida cotidiana del pueblo de Dios. A través de nuestras prácticas de adoración comunitarias, aprendizaje y servicio es que nos forman no solo de manera colectiva, sino también como individuos»[3].

Estar conectado con una iglesia no está limitado a asistir solo los domingos. Para poder amarnos, servirnos y exhortarnos unos a otros necesitamos pasar más tiempo juntos. La vida de iglesia significa involucrarse, y mientras más tiempo pasen los niños en la comunidad de la fe, menos probabilidades tendrán de abandonarla.

Listos, apunten...

La amonestación de Pablo a los padres se aplica a todos nosotros: «Padres, no hagan enojar a sus hijos, sino críenlos según la disciplina e instrucción del Señor» (Efesios 6:4).

Nuestra oración es que algún día digamos junto con Juan: «No tengo yo mayor gozo que este, el oír que mis hijos andan en la verdad» (3 Juan 4, RV-60).

Preguntas para reflexión y discusión adicional

1. En su libro *Energizing Your Teenager's Faith*, Jay Kesler y Paul Woods describen las etapas del desarrollo de la fe.
    - Los niños de la escuela primaria que hablan sobre Dios y Jesús se hacen eco de las palabras que escuchan de los adultos. Esta es una «fe experimentada». Durante estos años se pueden formar importantes patrones de desarrollo espiritual.
    - Los niños de escuela secundaria tienen una «fe afiliada» que percibe sus creencias en función de una relación. Jesús es su «mejor amigo». Su fe crece sobre todo mediante la interacción del grupo de jóvenes y de la iglesia.
    - Los estudiantes del instituto desarrollan una «fe investigadora». Hacen preguntas fuertes que les ayuden a dilucidar si aceptan en lo personal lo que han experimentado. Este es el momento para que los padres inviertan horas discutiendo tales preguntas.
    - Los jóvenes adultos comienzan a desarrollar una «fe propia». Tras haber aceptado con libertad las creencias cristianas, estos adultos incorporan como suyos los valores bíblicos[4].

¿Se adaptan tus hijos a este patrón? ¿Cómo puedes afirmar y guiar a cada uno en su peregrinación de fe?

2. ¿Crecen tus hijos con un punto de vista cristiano? ¿Cuáles de los siguientes principios te gustaría seguir enseñándole a tus hijos y cómo?
    - El mundo le pertenece a Él
    - Cada vida humana tiene valor
    - Dios entiende nuestra humanidad
    - El bien y el mal existen

- La belleza y el arte son regalos de Dios
- La eternidad es una realidad
- Dios se revela

3. ¿Cuáles son algunas de las maneras en que tú y tus hijos pueden desarrollar su pasión por Dios?
4. ¿Beben tus hijos en la Palabra de Dios con su leche materna? ¿Podrías pensar en medios creativos para inculcar la verdad bíblica en la mente y en el corazón de tus hijos?
5. Pablo dice: «El conocimiento envanece, mientras que el amor edifica» (1 Corintios 8:1). ¿Cómo podemos enseñar la Biblia y a la vez evitar producir sabiondos espirituales?
6. ¿Cuál es tu conexión con la comunidad cristiana? ¿Cómo se fortalecerían esos vínculos?

4

Digno de confianza

Así que el obispo debe ser intachable.
1 Timoteo 3:2

Se requiere además que hablen bien de él los que no pertenecen a la iglesia.
versículo 7

Las esposas [...] deben ser [...] dignas de toda confianza.
versículo 11

Cuando Darío el Medo usurpó el trono de Babilonia después de Belsasar, comenzó a limpiar la casa. Designó a ciento veinte sátrapas, o gobernadores provinciales, para gobernar el reino, y tres administradores que gobernaran sobre ellos. Al único miembro de personal que mantuvo de los dos previos regímenes fue al joven cautivo Daniel. Darío lo designó como uno de los tres administradores. No sorprende que los demás líderes babilonios que peleaban entre sí con tal de obtener un ascenso, no les agradaran tener a este extranjero en su camino. Es más, si pudieran eliminar tan solo a uno de los administradores, todos ascenderían un escalón más y tendrían acceso a un pedazo mayor del pastel denominado poder.

Eso no iba a suceder.

> Y tanto se distinguió Daniel por sus extraordinarias cualidades administrativas, que el rey pensó en ponerlo al frente de todo el reino. Entonces los administradores y los sátrapas empezaron a buscar algún motivo para acusar a Daniel de malos manejos en los negocios del reino. Sin embargo, no encontraron de qué acusarlo porque, lejos de ser corrupto o negligente, Daniel era un hombre

digno de confianza. Por eso concluyeron: «Nunca encontraremos nada de qué acusar a Daniel, a no ser algo relacionado con la ley de su Dios».

Daniel 6:3-5

La mirada en el blanco

Los sátrapas estaban atascados. No podían acusar a Daniel de nada malo. Era honesto, digno de confianza y trabajador. En una palabra: intachable.

Esta gran característica de la madurez cristiana se expresa de varias maneras en relación con los líderes de la iglesia. Estos deben ser intachables, honestos, dignos de respeto y confianza, y sinceros. El hombre y la mujer de Dios deben tener buena reputación ante los creyentes así como ante los inconversos.

La integridad es lo que caracteriza una vida que es buena, cada día y en cada forma. Cuando las actitudes, las acciones y el vocabulario de una persona son con regularidad sinceros y justos, en privado y en público, en el trabajo, en la iglesia y en el hogar, es intachable; no perfecta, sino sincera y fiel.

En su libro *Disciplines of a Godly Man*, R. Kent Hughes lo presenta de la siguiente manera: «La idea bíblica de la integridad implica la idea esencial de plenitud, que una persona íntegra es completa»[1].

La palabra *kosmeo*, traducida como «respetable» al describir a los obispos en 1 Timoteo 3:2, se usa en 1 Timoteo 2:9 y Tito 2:9-10 en el sentido de adornar o hacer atractivo. El buen comportamiento de un creyente añade color, hermosura y, sin duda alguna, credibilidad a las enseñanzas de la Palabra de Dios.

Desde adentro hacia fuera

La vida intachable en el exterior comienza con la verdad en el interior. El rey David se dio cuenta de esto después de albergar y excusar su pecado con Betsabé por un año. Cuando al fin le hicieron frente, confesó la culpa de sus acciones y engaño propio.

Oró: «Yo sé que tú amas la verdad en lo íntimo; en lo secreto me has enseñado sabiduría» (Salmo 51:6).

En su libro *Your God Is Too Safe*, Mark Buchanan escribe: «Ningún resumen más claro de la santidad se ha expresado jamás. La santidad es justo eso. Es la verdad en lo íntimo, la sabiduría divina que se deja escuchar en lo más íntimo de nuestro ser. Cuando indagamos en lo más profundo, en las regiones más ocultas de nosotros, encontramos la verdad, la voz de Dios hablando»[2].

Veo a muchos padres cristianos invirtiendo energías al tratar que sus hijos se adapten a la cultura de sus iglesias: usando pantalones que no sean demasiado anchos; no usando ropa muy ajustada; solo tener un aceptable número de agujeros en la oreja; y disimulando el aburrimiento que sienten. En el hogar es fácil imponer normas arbitrarias y olvidarse del corazón. Estas familias pueden dar la apariencia (por un tiempo) de ser exitosas, pero en realidad les enseñan a sus hijos pasos fáciles para engañar a los demás y quizá a ellos mismos.

Cuando el largo del cabello de un chico se convirtió en indicio de rebelión de la adolescencia, un pastor amigo me dijo, ante la consternación de los miembros de su iglesia, que les permitiría a los chicos que se dejaran creer el cabello hasta donde quisieran. «Quiero que sean reales en lo exterior porque necesito saber cuán largo es su cabello en el interior», dijo él.

Aceptación de la culpa

Todos lo escuchamos. Es probable que todos lo dijimos: «No fue su intención hacerlo». No importa lo que nuestros hijos hagan, parece ser que ya nunca es su culpa.

A decir verdad, vivimos en una sociedad que dejó de reconocer la realidad del *pecado*, y en su lugar habla sobre *errores* e *infortunios*. En lugar de lidiar con la culpa mediante la confesión de pecado y buscar la reconciliación, se nos dice que el verdadero culpable es la culpa, la cual se encarga de socavar la autoestima y la satisfacción personal. La implicación es que debemos eliminar la culpabilidad de nuestras vidas y colocar en algún otro lado la culpa por nuestras propias acciones.

Cuando el pequeño Juanito agarra un palo y le pega al hijo del vecino, es casi automático escuchar al padre decir: «No sé qué le sucede. Últimamente está irreconocible». «El chico debió haberlo provocado». «Es que está cansado». «La culpa es de los caramelos que comió». (El hombre que asesinó a George Mascone, el alcalde de San Francisco, alegó haber comido demasiados pastelillos dulces lo cual le hizo reaccionar de manera irracional. El jurado prefirió creer la historia y la sentencia se redujo a homicidio involuntario).

Lo cierto es que Juanito le pegó a Robertico debido a que Juanito es pecador y se debe corregir su comportamiento[3].

Si justificamos la conducta de nuestros hijos, ellos adoptarán la mentalidad de que nunca tendrán en realidad la responsabilidad por nada. Al principio esto suena un tanto liberador, pero lo opuesto es lo cierto. Culpar a los demás le roba a la persona el poder de cambiar y crecer. Si fracaso en una prueba porque el maestro no me quiere, no tengo la más mínima esperanza de pasar la próxima prueba. Si te rompo el juguete porque tú me enojas, soy impotente para controlar mis emociones. Si mi comportamiento depende del estado del tiempo, mi dieta, el estado emocional de los hijos del vecino o lo que sea, soy una víctima indefensa.

Cuando se comete un pecado, la culpa es real. Cuado nuestros hijos reconocen sus faltas, encontrarán perdón. Entonces también tendrán los medios para rectificar y tomar la decisión de hacer lo bueno. «Quien encubre su pecado jamás prospera; quien lo confiesa y lo deja, halla perdón» (Proverbios 28:13).

La ley de la cosecha

Todos los días nos enteramos de personas que culpan a otros por sus problemas en lugar de asumir la responsabilidad. Hay personas que hasta han demandado a cadenas de comida rápida porque ellos, o sus hijos, están demasiado gruesos o tienen problemas de salud. En vez de asumir la responsabilidad por lo que consumen, culpan a los restaurantes por servirles una dieta poco saludable.

La Biblia dice: «Cada uno cosecha lo que siembra» (Gálatas 6:7). Si consumimos demasiadas combinaciones inmensas de comidas rápidas, vestimos lo que comemos. Este principio se encuentra en la creación y en cómo Dios trata con nosotros. El profeta Jeremías lo expresó de la siguiente manera: «Al que coma uvas agrias se le destemplarán los dientes, es decir, que cada uno morirá por su propia iniquidad» (Jeremías 31:30).

Asumir la responsabilidad va más allá de reconocer nuestra culpa cuando pecamos. La responsabilidad tiene que ver con apropiarnos de nuestras acciones, actitudes y accidentes. Tiene que ver con crecer.

Cuando un bebé derrama su leche, la mamá lo limpia. Lo menos que la niña de dos años puede hacer es un esfuerzo por limpiar lo que ensució. Es asunto de mamá y de papá asegurarse que José lleve el almuerzo al jardín de infancia. Sin embargo, cuando José llega al instituto y mamá y papá todavía tienen que levantarlo, prepararle su almuerzo o, lo que es peor, llevárselo a la escuela cuando lo olvida, podría existir un problema.

Los niños crecerán y aprenderán si asumen las consecuencias naturales de su comportamiento, de acuerdo a su habilidad física y emocional. Esto es sembrar y cosechar, causa y efecto. Como padres, debemos resistir el impulso de rescatar a nuestros hijos y, por lo tanto, inhibir el proceso de madurez. En su excelente libro *Límites*, Henry Cloud y John Townsend dicen lo siguiente: «Rescatar a una persona para que no sufra las consecuencias naturales de su conducta, le permitirá continuar con su comportamiento irresponsable. La ley de la siembra y la cosecha no se abolió. Todavía está en vigor. Sin embargo, el irresponsable no sufre las consecuencias; otra persona sí»[4].

Todavía recuerdo a mi madre escribiendo a máquina nuestras tareas de última hora hasta largas horas de la noche. Ella asumió la carga de entregar nuestras tareas a tiempo... en repetidas ocasiones.

Nuestra intervención, aunque aparenta ser una obra de amor, no les enseña a nuestros hijos a mejorar, sino a mantener la mediocridad o algo peor. En el libro de Proverbios leemos: «El iracundo tendrá que afrontar el castigo; el que intente disuadirlo aumentará su enojo» (Proverbios 19:19).

Este principio en particular me resulta difícil debido a dos emociones fuertes: mi feroz impulso por proteger a mis hijos de cualquier herida y el sentido de misión que tengo de servir a mi familia. Es lamentable, pero a menudo las iglesias tergiversan las enseñanzas de Cristo sobre el sacrificio personal y el servicio con el fin de hacernos sentir espirituales en cuanto a algo que en realidad es dañino.

El siguiente ejemplo de Cloud y Townsend nos ayuda a aclarar la diferencia entre dolor y daño: Si voy al dentista para que me llene una caries, es posible que me cause dolor, pero no me causa daño alguno. A decir verdad, es provechoso.

Por otro lado, el caramelo que consumí y que produjo la caries no me dolió ni un poquito. Era placentero y dulce, pero dañino[5].

Una de las mejores cosas que puedo hacer por mis hijos es permitirles que experimenten el dolor necesario con el fin de que puedan evitar mayor daño a largo plazo.

Cualidades excepcionales

Daniel, un esclavo extranjero, se convirtió en uno de los principales funcionarios del gobierno en tres administraciones consecutivas. El texto dice que «se distinguió Daniel por sus extraordinarias cualidades» (Daniel 6:3). Él no es el único.

Potifar compró a José como un esclavo al servicio en su casa, pero «el SEÑOR estaba con José y lo hacía prosperar en todo» (Génesis 39:3). José enseguida se convirtió en el mayordomo de toda la casa.

Estos eran hombres de confianza y respetados, no solo por las cosas que evitaron, sino también por el efecto positivo de sus acciones, de sus «extraordinarias cualidades».

Obediencia activa a Dios

Daniel y José fueron hombres que profesaron su fe en público. No perdieron el respeto de los incrédulos, sino que lo ganaron. Cuando se vive y se habla las palabras de Dios, al final dará credibilidad a nuestras vidas, pues las palabras de Dios son verdaderas. La reputación religiosa de Daniel era un aspecto tan esencial de su persona que sus enemigos entendieron que la única manera de atraparlo era cambiando las leyes a fin de que su fe fuera una ofensa criminal.

Cuando Jetro le dijo a Moisés que delegara parte de la obra de dirigir al pueblo, estableció la conexión entre la fe y la confiabilidad cuando dijo: «Además, escogerás de entre todo el pueblo hombres capaces, temerosos de Dios, hombres veraces» (Éxodo 18:21, LBLA). Los líderes que se escogieron para el servicio en la iglesia primitiva debían ser hombres «llenos del Espíritu y de sabiduría» (Hechos 6:3).

Como familia debemos intentar escuchar a Dios a través de su Palabra y su Espíritu al tomar decisiones relacionadas con nuestro comportamiento en varias situaciones. Cuando nuestros hijos ven que una y otra vez el camino de Dios resulta ser el buen camino, tendrán más valentía para hablar sobre sus convicciones frente a sus amigos.

Realización del trabajo

Dios les dio a Adán y a Eva dominio para gobernar y sojuzgar aun antes de que el pecado entrara al mundo. Creó a los seres humanos con la habilidad y la necesidad de trabajar.

Un trabajo bien hecho da testimonio de una vida ordenada y respetable. «Traten de vivir tranquilos, ocúpense de sus propios asuntos y trabajen, como ya les ordenamos antes. De ese modo se ganarán el respeto de la gente que no confía en Dios, y no tendrán que pedirle nada a nadie» (1 Tesalonicenses 4:11-12, TLA).

Los hijos deben comenzar a trabajar en cuanto desarrollen la coordinación para guardar los juguetes en la caja o en el armario correspondiente. Ellos participan en los quehaceres regulares del hogar solo porque pertenecen a la familia. En nuestro hogar, se espera que todos cumplan con algún tipo de trabajo básico: limpiar los cuartos, desempolvar y barrer. Otras tareas especiales tales como limpiar el horno o cortar el césped son trabajos pagados, permitiendo así que los chicos ganen un dinero adicional.

Las tareas escolares proveen otro importante campo de ejercitación para el desarrollo de buenos hábitos de trabajo. Entre doce y veinte años de la vida de un ser humano, la escuela es su trabajo principal. Es importante llegar a tiempo, terminar las tareas ya sea que le guste o no. «Hagan lo que hagan, trabajen de buena gana» (Colosenses 3:23).

Como una «desordenada» puedo con facilidad ser demasiado floja en implementar buenos hábitos de trabajo en mis hijos. Me pregunto qué sucedería si aplicáramos la amonestación de Pablo en su segunda carta a los tesalonicenses: «El que no quiera trabajar, que tampoco coma» (2 Tesalonicenses 3:10).

Honestidad

En 1899, cuatro periodistas de importantes periódicos estadounidenses se encontraron por casualidad en un bar de Denver. Los cuatro andaban a la caza de información exclusiva para el domingo. Nada importante sucedía, así que al ir avanzando la noche inventaron un insólito relato en el que el gobierno de la China planificaba la demolición de la Gran Muralla, con un grupo de ingenieros estadounidenses que viajaban a China con el fin de pedir el contrato.

Una sociedad de patriotas chinos se enfureció tanto a medida que se esparcía la historia que atacaron las embajadas extranjeras en Pekín y asesinaron a cientos de misioneros. Doce mil

¡Auxilio! Mi hijo miente

- Enseña las Escrituras. La mentira es una de las siete cosas que Dios aborrece. ¿Por qué?
- Aprende a discernir entre fantasía y mentira. Deja cierto espacio para la imaginación, no la falsa representación.
- Usa los programas de televisión o las situaciones de grupo para enseñar lo que es el comportamiento aceptable.
- Señala las consecuencias naturales: Un mentiroso no es confiable ni el mentiroso confía en los demás.
- Aplica consecuencias más severas cuando un niño oculta una falta que cuando la admite.
- Cuando dudes, consulta otras fuentes para verificar la historia de un niño.
- No irrites a un niño mayor al exigirle saberlo todo.
- No permitas la exageración.
- Sé un ejemplo al decir la verdad.

tropas procedentes de seis países se enviaron a China para proteger a sus ciudadanos residentes en ese país. A los dos meses de violencia y matanza que resultó se le conoce como la Rebelión Bóxer[6].

Estos periodistas aprendieron a la mala que el engaño de cualquier forma es un peligroso camino para transitar. Mientras más tiempo anda una persona por allí, más intrincado llega a ser.

Una persona de integridad caminará en el camino de la honestidad cuando: (1) habla la verdad: «El Señor aborrece a los mentirosos, pero mira con agrado a los que actúan con verdad» (Proverbios 12:22, DHH); y (2) vive la verdad: «Tal vez sea agradable ganarse el pan con engaños, pero uno acaba con la boca llena de arena» (Proverbios 20:17).

Cuando nuestros hijos eran pequeños los animábamos a que admitieran sus errores y enfatizábamos que las consecuencias serían menos severas si los confesaban. Cuando alguno negaba haber hecho algo de lo cual estábamos seguros que era responsable, lidiábamos entonces con el problema original y con el intento de cubrir la ofensa. Decir la verdad debe ser parte del ADN familiar desde el mismo principio, así la conciencia del niño no les permitirá practicar el engaño.

Fidelidad

La fidelidad en la Escritura denota perseverancia, lealtad y cumplimiento de promesas. Es obvio que la veracidad y la confiabilidad al cumplir las promesas son fundamentales en el papel de padre. La seguridad de un niño depende del hecho de que cumplamos con nuestra palabra, no en cada imprevisible detalle, sino como un estilo de vida. El salmista dice que un hombre intachable es el «que cumple lo prometido aunque salga perjudicado» (Salmo 15:4).

El cumplimiento de promesas también implica mantener los compromisos, tanto los que se dicen como los tácitos. Al tener hijos, nos comprometemos a protegerlos, amarlos y enseñarlos. La parte más importante de ser buenos y fieles siervos de Dios no solo involucra el cumplimiento de tales promesas como llegar a tiempo a las citas, sino también el cumplimiento diario del papel que jugamos en el drama de la vida.

Nuestro verdadero carácter se demuestra en lo mundano y rutinario. Dios no nos pide que nos lancemos de altos edificios ni que nademos los océanos para Él, solo nos llama a caminar.

Daniel y José cumplieron con las tareas que se esperaban de ellos y mucho más. Y lo hicieron con todo su corazón. La diferencia en actitud causa gran impresión en las personas que nos observan. Pablo escribe: «Háganlo todo sin quejas ni contiendas, para que sean intachables y puros, hijos de Dios sin culpa en medio de una generación torcida y depravada. En ella ustedes brillan como estrellas en el firmamento» (Filipenses 2:14-15).

Listos, apunten...

Jesús dijo: «El que es fiel en lo muy poco, también en lo más es fiel» (Lucas 16:10, RV-60). A medida que nuestros hijos asumen mayores responsabilidades, veremos si viven o no con sinceridad y fidelidad. Otros también lo verán.

No sé si estas palabras se pronunciaron en el funeral de Noé o si se escribieron en su lápida, pero la siguiente descripción es un digno blanco para nuestras vidas y para nuestros hijos: «Noé era un hombre justo y honrado entre su gente. Siempre anduvo fielmente con Dios» (Génesis 6:9).

Preguntas para reflexión y discusión adicional

1. ¿Cómo se desempeñan tú y tus hijos en las siguientes esferas?
   - Deseo interior por la verdad
   - Asumir consecuencias
   - Obediencia a Dios
   - Trabajo arduo
   - Honestidad
   - Fidelidad
2. ¿Qué puedes hacer en tu vida para convertirte en mejor modelo de integridad para tus hijos?
3. Dios mató a Ananías y Safira cuando presentaron su ofrenda. Lee Hechos 5:1-11. ¿Cuál fue su pecado y cómo puedes evitarlo?

5

Hospitalario

Así que el obispo debe ser [...] respetable, hospitalario.
1 Timoteo 3:2

Ayuden a los hermanos necesitados.
Practiquen la hospitalidad.
Romanos 12:13

No se olviden de practicar la hospitalidad, pues gracias a ella algunos, sin saberlo, hospedaron ángeles.
Hebreos 13:2

Una mujer y su hijo, de dudosos antecedentes religiosos, residían cerca de Sidón, un territorio fenicio fuera de Israel, tierra azotada por la sequía y la hambruna. Ella había estado racionando la comida mientras le fue posible, y ambos tenían mucha hambre. No había carne. No había frutas ni vegetales. No tenía leche para su pequeño hijo. Tenía suficiente harina y aceite para hacer su última comida de pan. Y luego, según sus propias palabras, fuera su «última comida antes de morirnos de hambre».

La mujer recogía leña a la puerta de la ciudad a fin de cocinar esta triste cena, cuando se le acercó un extranjero.

En su debilidad y desesperación, lo pudo haber pasado por alto del todo. O quizá pudo haber pensado: *Este hombre parece buena gente. Quizá tenga un poco de alimento. O tal vez se ofrezca al menos a llevarme la leña para el fuego.* Sin embargo, no se brindó. En su lugar, le pidió un vaso de agua. Sin cuestionar, ella dejó lo que estaba haciendo y fue a buscar agua. Esto era algo que podía hacer.

Entonces él le pidió pan. Esto era algo que no podía hacer. «Tan cierto como que vive el SEÑOR tu Dios —respondió ella—, no me queda ni un pedazo de pan; solo tengo un puñado de harina en la tinaja y un poco de aceite en el jarro. Precisamente estaba recogiendo unos leños para llevármelos a casa y hacer una comida para mi hijo y para mí. ¡Será nuestra última comida antes de morirnos de hambre!» (1 Reyes 17:12). *Quizá ahora me deje en paz.*

Elías le dijo: «Vuelve a casa y haz lo que pensabas hacer. Pero antes prepárame un panecillo con lo que tienes, y tráemelo; luego haz algo para ti y para tu hijo» (v. 13).

¡Qué atrevido es este hombre! «Antes prepárame algo para mí». Tengo suficientes ingredientes para un solo pan. Este hombre quiere el primero. Ese sería el único pan. Sin embargo, él prometió que Dios seguiría proveyendo harina y aceite hasta que regresara la lluvia a la tierra (véase v. 14).

Así que lo hizo.

Elías se mudó a la casa de la viuda y su hijo en Sarepta y comió a su mesa todos los días.

Ella dio lo que pudo y luego, movida por la palabra de Dios, dio más. Compartió su comida y su casa. Acogió a un profeta de otro Dios, procedente de otra nación. De acuerdo con la compasión de Dios, ella fue ricamente recompensada.

Me pregunto qué hubiera hecho yo en su lugar.

La mirada en el blanco

Cuando Pablo les escribe a Timoteo y a Tito, describe a los líderes cristianos maduros como gente hospitalaria. La palabra griega que usa es *philoxenia*, amor hacia los extranjeros.

El principio de compartir basado en el amor fraternal se expande en otros lugares de las Escrituras para incluir a los creyentes. Ambos pensamientos se combinan en Hebreos 13:1-2 donde leemos: «Sigan amándose unos a otros fraternalmente. No se olviden de practicar la hospitalidad, pues gracias a ella algunos, sin saberlo, hospedaron ángeles».

A veces la hospitalidad es un asunto de una sola ocasión. Por lo general, significa participación continua: servir y dar siempre y cuando se presente la necesidad. Pedro resume así la ecuación amor-servicio: «Sobre todo, ámense los unos a los otros profundamente, porque el amor cubre multitud de pecados. Practiquen la hospitalidad entre ustedes sin quejarse. Cada uno ponga al servicio de los demás el don que haya recibido, administrando fielmente la gracia de Dios en sus diversas formas» (1 Pedro 4:8-10).

La hospitalidad es amor que da, que sirve. Es una imitación de la generosa gracia de Dios.

La viuda no ofreció su hogar para un tiempo de compañerismo después del culto de la iglesia. Vio una necesidad que podría suplir y en el proceso hizo un sacrificio personal.

Administración 101

Aunque nos parezca extraño, la hospitalidad comienza con la propiedad. El desinterés comienza con el egoísmo, o al menos con conciencia propia. No podemos dar lo que no tenemos.

Una de las primeras palabras que aprende un bebé es «mío», y esto no es del todo malo. El sentido de identidad de un niño pequeño involucra la propiedad de algunas posesiones personales: algunos juguetes especiales, ropa, espacio personal. A menudo el niño manifiesta un intenso impulso por reclamar y proteger.

Usando esta inclinación natural, podemos ejercitar a nuestros hijos para que cuiden sus pertenencias. Esto significa que el osito no pasa toda la noche tirado en la caja de arena; el cuarto debe estar lo suficiente ordenado como para diferenciar entre la cama, la cómoda y el suelo; no escribimos garabatos en nuestros libros; y a los peces de colores hay que alimentarlos todos los días.

A esto se le llama mayordomía. Es un reflejo de la responsabilidad que Dios le dio a Adán y Eva, de atender y cuidar su pequeño rincón del mundo. Si no lo hacían, nadie más lo iba a hacer. Al igual que Adán y Eva, nosotros somos solo administradores, trabajando para Dios en el cuidado de lo que al fin y al cabo le pertenece siempre a Él.

La gratitud hacia Dios por todo lo que tenemos provee un importante equilibrio al sentir de derechos y mérito. Las cosas por las que trabajamos siguen siendo regalos de Dios, junto con el sol, la lluvia y la salud que disfrutamos. «Toda buena dádiva y todo don perfecto descienden de lo alto» (Santiago 1:17).

Entonces, la verdadera hospitalidad es la que fluye de un saludable sentir de propiedad (sé lo que es mío), mayordomía (cuido lo que es mío) y apreciación (estoy agradecido por lo que tengo).

Atención a los desafortunados

La Biblia presenta a Dios como un Padre amoroso con afecto especial por los pobres y desamparados de este mundo. Ama a la viuda y al huérfano. Simpatiza con los extranjeros, inmigrantes y refugiados. Es el sanador del enfermo y el consolador del oprimido (Salmo 72:12; Proverbios 14:31).

Algunas sugerencias para mostrar amor fraternal a extranjeros y otros creyentes:

En la Biblia, la palabra *extranjero* representa a las personas con grandes necesidades materiales porque típicamente los extranjeros eran personas sin recursos ni apoyo. Dios estableció el principio de acoger al extranjero cuando los hijos de Israel vagaban por el desierto, aun antes de que tuvieran sus propias casas. «[Al extranjero] trátenlo como si fuera uno de ustedes. Ámenlo como a ustedes mismos, porque también ustedes fueron extranjeros en Egipto» (Levítico 19:34).

La hospitalidad, o el amor hacia los extranjeros, comienza con la compasión hacia los que carecen de recursos y apoyo, y continúa con la disposición de ayudar. La asistencia viene de muchas maneras: a veces material, a menudo emocional.

No existen barreras de edad, raza o género para la hospitalidad. Alrededor del mundo, treinta y cinco mil niños mueren de hambre cada día. Cuando Jenny, de trece anos de edad, vio la foto de un niño con el estómago hinchado y con un solo grano de

Amplía los horizontes de hospitalidad de tu familia

Algunas sugerencias para mostrar amor fraternal a extranjeros y otros creyentes:

- Patrocina a un niño de un país subdesarrollado.
- Haz amistad con una familia local de inmigrantes o refugiados.
- Invita a un estudiante internacional a tu casa los fines de semana.
- Participa en un proyecto de recaudación de fondos comunitario para familias desfavorecidas.
- Como familia trabajen de voluntarios en un banco de alimentos o en una tienda de segunda mano.
- Usen los días festivos familiares para participar en un proyecto de construcción misionero en otro país.
- Cuando estén de vacaciones, ofrézcanle su hogar a un pastor visitante o familia misionera.
- Identifiquen las aptitudes de los hijos mayores y escojan a otro chico al que puedan ayudar mediante tutoría, música o práctica de algún deporte.
- Ofrézcanle servicio de niñera gratis a una madre soltera.
- Visiten un hogar de ancianos.
- Pasen tiempo con una persona que padezca de alguna discapacidad física o intelectual.
- Que todos los años cada miembro de la familia regale uno de sus obsequios navideños.
- Recojan monedas sueltas y cómprenle algo especial a su pastor.
- Invite a un chico «poco popular» para que participe de un paseo familiar.
- Preparen una cena y llévensela a algún enfermo.
- Dediquen tiempo a orar por un país diferente cada día.

maíz en su mano, tomó veinte dólares del dinero que recibió para su cumpleaños y lo envió a Malawi. Eso se llama hospitalidad.

Más cerca de casa, todos podemos tocar las vidas de los inmigrantes, los pobres o los discapacitados. Nuestros hijos podrían identificar compañeros de clases o vecinos a los que se les consideran inadaptados, personas que son excluidas o que se convierten en blanco de los chistes y las burlas de los demás chicos. Estas son las personas a las que podemos extenderles de maneras muy prácticas el amor de Dios.

Comparte el dinero y a ti mismo

Compartir con el pueblo de Dios tiene su base en el Antiguo Testamento. «Si alguno de tus compatriotas se empobrece y no tiene cómo sostenerse, ayúdale» (Levítico 25:35).

Los cristianos primitivos en Jerusalén practicaban el principio de compartir hasta el punto de vivir un estilo de vida comunitario. «Todos los creyentes estaban juntos y tenían todo en común: vendían sus propiedades y posesiones, y compartían sus bienes entre sí según la necesidad de cada uno» (Hechos 2:44-45).

Aun cuando las dinámicas de vida comunitaria cambiaron, el principio de atender las necesidades mutuas no cambió. «Si alguien que posee bienes materiales ve que su hermano está pasando necesidad, y no tiene compasión de él, ¿cómo se puede decir que el amor de Dios habita en él?» (1 Juan 3:17).

La demostración de la hospitalidad, compartir lo que tenemos con los necesitados en un espíritu de amor y generosidad, definitivamente involucra dar dinero y bienes materiales. También podría requerir la inversión de tiempo, abrir nuestros hogares, dedicar energías y mostrar compasión. Todos encontramos que algunas de estas cosas son más difíciles de hacer que otras.

Un hijo podría ser muy dadivoso con su dinero, y a la vez tener un estilo firme y exclusivo en cuanto a sus amistades. Tal vez contribuya al fondo de misiones en la Escuela Dominical, pero no conversa con el visitante en su clase.

O quizá esté dispuesto a sacrificar un programa diario de televisión para ayudar a un amigo que tiene dificultad con sus tareas de matemática, pero le es difícil compartir su dinero para ayudar al mismo amigo.

Tu hija podría estar dispuesta a deshacerse de algunas de sus ropas, pero tiene problemas a la hora de cederle su cuarto a una familia visitante.

Podemos desarrollar los puntos fuertes de la hospitalidad en nuestros hijos, sin dejar de estar pendientes de algunas de las esferas débiles. Como familia, debemos buscar las oportunidades para dar nuestro dinero y ofrecer de nuestro tiempo a un proyecto de la iglesia o de la comunidad.

El apoyo a los obreros cristianos

Mientras Jesús y sus discípulos viajaban por el país sanando y predicando las buenas nuevas, los acompañaban dos mujeres. Juana y Susana ayudaban proveyendo alimento y dinero para que los discípulos pudieran continuar con su obra.

Pablo reconoce de manera muy especial a la iglesia en Filipos por haberlo ayudado con sus necesidades materiales (Filipenses 4:14-16). En 1 Timoteo 5:17, Pablo explica que el que enseña la Palabra no solo merece un salario justo, ¡sino el doble! Y también exhorta: «El que recibe instrucción en la palabra de Dios, comparta todo lo bueno con quien le enseña» (Gálatas 6:6).

Gayo era muy conocido por darles la bienvenida a los evangelistas itinerantes y «en ayudarlos a seguir su viaje, como es digno de Dios» (3 Juan 6).

Digamos no a fin de ser capaces de decir el sí adecuado

Un hombre viajaba en su asno por el camino de Jerusalén a Jericó, para atender sus propios negocios, cuando a un lado del camino se encontró con un triste espectáculo. Al percatarse del herido, por instinto supo que al extraño lo golpearon y robaron. Con eso se dio cuenta de que él también podría estar en peligro.

El viajero samaritano limpió y vendó las heridas del hombre, y luego lo montó encima de su asno. Después lo llevó a un hotel donde encontraría descanso, sanidad y protección. Pagó la cuenta. Es más, prometió regresar y pagar la diferencia en caso de que se debiera algo.

La parábola del buen samaritano es un gran ejemplo de correr riesgos y hacer sacrificios con tal de ayudar a alguien en necesidad. Él hizo lo que podía hacer para ayudar de una manera específica con los recursos que tenía.

Sin embargo, ¿alguna vez has pensado en las cosas que no hizo?

El buen samaritano siguió su camino. No se quedó con el herido en el hotel. Tenía compromisos o intereses en Jericó. No dejó el número de su teléfono celular ni dijo: «Llámame siempre que estés en problemas». No adoptó al viajero herido ni lo invitó a pasar las Navidades con su familia. Hizo lo que pudo y debió haber hecho, y se marchó.

Algunos de nuestros hijos son muy generosos. Darían todo su dinero para los misioneros y algunos de sus mejores juguetes y ropas para el vecino. Algunos chicos de más edad prestarían su dinero, sus ropas y equipos electrónicos a sus amigos, creyendo que son bondadosos, cuando en realidad los usan. Ellos están estimulando el sentido de irresponsabilidad de otros chicos.

Pablo escribió a la iglesia de Tesalónica: «El que no quiera trabajar, que tampoco coma» (2 Tesalonicenses 3:10). El dinero de la iglesia primitiva no se le entregaba al azar a cualquiera que lo pedía, sino a los que lo necesitaban de verdad.

Una buena dosis de sabiduría divina es importante para aprender a decir que no, y así tener recursos disponibles para el sí adecuado (véase Santiago 1:5).

La gracia de dar

El concepto bíblico de la hospitalidad lo vemos muy bien ilustrado en la historia de los macedonios que dieron con generosidad para las necesidades de otros creyentes, hasta el punto de privarse de lo suyo.

En medio de esta historia hay un gran versículo que resume el evangelio. En 2 Corintios 8:9 leemos: «Ya conocen la gracia de nuestro Señor Jesucristo, que aunque era rico, por causa de ustedes se hizo pobre, para que mediante su pobreza ustedes llegaran a ser ricos».

Cuando los cristianos macedonios demostraron abundante generosidad en medio de grandes pruebas y profunda pobreza, tenía todo que ver con la gracia. Pablo usa expresiones tales como «la gracia que Dios ha dado a las iglesias de Macedonia» (v. 1); «esta obra de gracia» (v. 6); y «esta gracia de dar» (v. 7). Ellos recibieron la gracia de Dios y lo demostraron a través de la gracia de dar.

En realidad, los cristianos macedonios le suplicaron a Pablo que les permitiera el privilegio de dar una suma excesiva, considerando su posición financiera. Entendían el sacrificio. Entendían el amor. Entendían la gracia.

Cuando hemos probado la gracia, las respuestas apropiadas son dos. La primera es darnos nosotros mismos: corazón, espíritu, alma y fuerza, a Dios. En esto reconocemos su señorío. Él es el dueño. ¡Yo solo trabajo aquí! Como tal, Él puede hacer lo que desee con mi vida, mi salud, mis circunstancias y mis relaciones. Todo lo que tengo se me ha confiado para que lo use en su servicio. Los macedonios «se entregaron a sí mismos, primeramente al Señor» (2 Corintios 8:5). Cuando todos nuestros derechos y posesiones se le entregan a Dios, el próximo paso viene con naturalidad. Los que han recibido gracia entonces darán de sí mismos a los demás. Esto no significa que dejo de poseer lo que tengo. Más bien significa que administro con responsabilidad lo que se me dio a fin de suplir tus necesidades, así como las mías.

A medida que los hijos crecen en su experiencia con Dios, y cuando ven que sus oraciones reciben respuesta y entienden la profundidad de la misericordia que perdona sus pecados, su capacidad para ejercer la hospitalidad también crecerá. El principio macedonio es este: Si he recibido gracia, yo daré.

Listos, apunten...

Jesús nos presenta la sorprendente descripción de un verdadero hijo de Dios tal y como se registra en Mateo 25. «Porque tuve hambre, y ustedes me dieron de comer; tuve sed, y me dieron de beber; fui forastero, y me dieron alojamiento; necesité ropa, y me vistieron; estuve enfermo, y me atendieron; estuve en la cárcel, y me visitaron [...] Les aseguro que todo lo que hicieron por uno de mis hermanos, aun por el más pequeño, lo hicieron por mí» (vv. 35-36, 40).

¿Cuándo fue la última vez que tú y tus hijos hicieron una de estas cosas por Jesús?

Preguntas para reflexión y discusión adicional

1. ¿Qué puedes hacer para ejercitar la hospitalidad en tu familia?
    - Administración (propiedad, mayordomía, apreciación)
    - Atención a los desafortunados
    - Comparte dinero y da amor.
    - Apoya a los obreros cristianos
    - Aprende cuándo decir sí o no
    - Crece en gracia
2. Diótrefes, descrito en 3 Juan, es lo contrario a la hospitalidad. Juan le advierte a su amigo Gayo: «Le escribí algunas líneas a la iglesia, pero Diótrefes, a quien le encanta ser el primero entre ellos, no nos recibe. Por eso, si voy no dejaré de reprocharle su comportamiento, ya que, con palabras malintencionadas, habla contra nosotros solo por hablar. Como si fuera poco, ni siquiera recibe a los hermanos, y a quienes quieren hacerlo, no los deja y los expulsa de la iglesia» (3 Juan 9-10).

- ¿Puedes describir en pocas palabras a Diótrefes?
- ¿Conoces a alguien parecido a Diótrefes?
- ¿Cómo te hace sentir esta persona?

3. La viuda que califica para recibir ayuda económica es la «que haya sido fiel a su esposo, y que sea reconocida por sus buenas obras, tales como criar hijos, practicar la hospitalidad, lavar los pies de los creyentes, ayudar a los que sufren y aprovechar toda oportunidad para hacer el bien» (1 Timoteo 5:9-10).
    - ¿Puedes describir en pocas palabras a esta viuda?
    - ¿Conoces a alguien que se ajusta a esta descripción?
    - ¿Cómo te hace sentir esta persona?

6

Pureza sexual

El obispo debe ser [...] esposo de una sola mujer.
1 Timoteo 3:2

Huye de las malas pasiones de la juventud, y esmérate en seguir la justicia.
2 Timoteo 2:22

Mi hija de seis años de edad llegó a casa en la primera semana de clases, del primer grado, a punto de reventar por hablar conmigo.

—Mamá, ¿qué es el *seiso*?

—¿Seis? Seis es el número entre cinco y siete.

—No, ella quiso decir *sexo* —dijo mi hija de siete años de edad. Luego se volvió a su hermana y le dijo—: Yo sé lo que es, ¡y es algo malo de verdad!

La mirada en el blanco

En los pasajes de Tito y Timoteo que se refieren a los líderes de la iglesia, Pablo estipula que el obispo debe ser «esposo de una sola mujer». En nuestra sociedad, donde la poligamia es ilegal y se considera un tabú, esto nos parece bastante fácil de entender y cumplir. Es obvio que el texto se refiere a adultos, así que puede que parezca irrelevante para nuestros esfuerzos en la crianza de los hijos.

En el panorama bíblico, sin embargo, el asunto más amplio de la pureza sexual en el que se basa este requisito es el tema principal. De manera específica, Dios avala la relación sexual en el contexto del matrimonio entre un hombre y una mujer. Advierte mucho en contra de la inmoralidad, incluyendo el adulterio, las relaciones sexuales prematrimoniales y las prácticas homosexuales.

Jesús toma las reglas de la conducta moral y las aplica a la mente y el corazón.

Los siguientes versículos son solo algunos que subrayan la importancia de la pureza:

- «No codiciarás la mujer de tu prójimo» (Éxodo 20:17, RV-60).
- «Pero yo les digo que cualquiera que mira a una mujer y la codicia ya ha cometido adulterio con ella en el corazón» (Mateo 5:28).
- «El cuerpo no es para la inmoralidad sexual sino para el Señor, y el Señor para el cuerpo» (1 Corintios 6:13).
- «Entre ustedes ni siquiera debe mencionarse la inmoralidad sexual, ni ninguna clase de impureza» (Efesios 5:3).

La norma es muy elevada. Si deseamos que nuestros hijos anden por el camino de la pureza en un mundo de inmoralidad, debemos comenzar a enseñar y modelar los principios bíblicos concernientes a la sexualidad desde que son pequeños.

Educación sexual en el hogar

No recuerdo qué fue lo que les dije a mis hijas en ese momento tan apropiado para el aprendizaje en el primer grado. Lo que quise transmitir era que el especial afecto entre mamá y papá podía producir hijos, y a eso se le podía llamar sexo. No obstante, a veces las personas actúan como si estuvieran casadas cuando en realidad no lo están, o se tocan en maneras inapropiadas, y a eso también se le puede llamar sexo. Muchas de las cosas que escuchan en público serían ofensivas y vulgares, así que podíamos dialogar sobre eso en casa, pero convenía que no participaran en dichas conversaciones en el autobús escolar.

(¡Qué alivio!)

Enseñar la debida cantidad de información de una manera apropiada para la edad es un reto. Algunos creyentes recomiendan hablar de forma gradual sobre los pajaritos, las abejas y la polinización de las flores, haciendo aplicaciones al mundo de los seres humanos a medida que crecen los niños. Otros son muy directos en cuanto a nombrar las diversas partes del cuerpo y dialogar con preescolares sobre el acto sexual.

Es obvio que la Biblia no nos ofrece una línea del tiempo sobre la cual impartir educación sexual a nuestros hijos, pero aquí tienes algunas cosas a considerar:

1. Los niños van a escuchar de otras fuentes información detallada y errónea sobre la sexualidad. Ellos necesitan saber con anticipación que eres consciente del asunto y que no temes hablar al respecto. Tal y como Grez Johnson y Mike Yorkey señalan: «Si esperamos hasta que nuestros hijos sean lo suficiente maduros para entender cada respuesta, es probable que nunca los escucharemos hacer las preguntas»[1].

2. Dios, siendo el eterno y práctico pastor de nuestras almas, no es tímido al explicar con quién podemos o no tener relaciones sexuales. Él advierte en contra de personas de baja moral y eleva la pasión y la pureza del amor matrimonial. Al parecer, tales instrucciones son para los adultos. Saber cómo adaptar los principios para enseñar a los niños de menor edad involucra la habilidad de discernir detalles apropiados para la edad.

3. Dialogar sobre las partes del cuerpo y la sexualidad con los hijos es un aspecto importante de nuestra labor como padres, pero la actitud que hay detrás de las palabras es tan importante como la discusión misma. Los genitales no son una cosa sucia; son especiales. La sexualidad no es tabú; es el regalo de bodas de Dios para las parejas que se aman, y su medio para multiplicar dicho amor al producir hijos. Ciertos aspectos de la vida son secretos personales que se deben guardar y atesorar hasta que se puedan compartir con la persona adecuada y en el momento oportuno.

La labor del padre es responder a la curiosidad del niño, proveyéndole la información que necesita en un contexto que no alimente la estimulación sexual. Esto es mucho más de lo que podemos esperar del patio de la escuela.

Matrimonio

Hace varios años mi hijo y yo hablábamos sobre la creación. Cuando llegamos a Eva y Adán, me dijo:

—Así que, Dios creó a Eva, y cuando Adán despertó, ambos tuvieron relaciones sexuales.

—Bueno, eso no lo sé. Supongo que sí —le dije titubeando.

—Entonces, ¿cómo tuvieron relaciones sexuales si todavía no estaban casados?

Buena pregunta.

El concepto de mi hijo respecto al matrimonio comienza con una ceremonia, incluyendo algún tipo de bendición religiosa o al menos civil, la firma de documentos, y la presencia de testigos. Es obvio que Adán no alquiló un esmoquin ni le pagó a un predicador, pero de seguro que se casó.

Dios decretó que Adán y Eva serían el uno para el otro, para vivir juntos como compañeros, colaboradores y amantes, para toda la vida; lo cual, a decir verdad, era bastante tiempo. (¿Qué obsequio le comprarías a alguien para su quingentésimo aniversario de bodas?) Y Dios vio que todo esto era muy bueno.

El autor de Hebreos subraya la prioridad que Dios le da al matrimonio: «Tengan todos en alta estima el matrimonio y la fidelidad conyugal, porque Dios juzgará a los adúlteros y a todos los que cometen inmoralidades sexuales» (Hebreos 13:4).

Es más, la ley mosaica prescribe un año entero de luna de miel para que el nuevo esposo pueda «hacer feliz a la mujer que tomó por esposa» (Deuteronomio 24:5).

Los beneficios físicos y emocionales existían para el esposo también. En Génesis leemos que después de la muerte de Sara, el criado de Abraham fue a buscarle esposa a su hijo Isaac. Noten el pequeño detalle dado sobre la unión de Isaac y Rebeca: «Isaac

Rápidas

- Cada día, ocho mil adolescentes se infectan con una nueva enfermedad de transmisión sexual (ETS).
- Los adolescentes ven catorce mil referencias sexuales en la televisión al año.
- Los adolescentes dicen que los padres ejercen la mayor influencia al hacer su decisión sexual.
- Cincuenta por ciento de los adolescentes tienen relaciones sexuales antes de los dieciocho años.
- Veinticinco por ciento de los adolescentes sexualmente activos tienen una ETS.
- Sesenta por ciento de los jóvenes cree que la relación sexual oral no es relación sexual[2].

llevó a Rebeca a la carpa de Sara, su madre, y la tomó por esposa. Isaac amó a Rebeca, y así se consoló de la muerte de su madre» (Génesis 24:67).

Un reconocimiento casi pasajero de la belleza y la pasión sexual fluye a través de la Biblia, pero en Cantares es donde nos detenemos para celebrarlo. La proeza poética de Salomón también se hace evidente en Proverbios cuando exhorta a su hijo: «¡Bendita sea tu fuente! ¡Goza con la esposa de tu juventud! Es una gacela amorosa, es una cervatilla encantadora. ¡Que sus pechos te satisfagan siempre!» (Proverbios 5:18-19).

Mediante la enseñanza y el ejemplo, los hijos pueden aprender que el matrimonio y la relación sexual están entrelazados de manera inseparable, y que todavía son buenos.

La dirección de la pureza

Joshua Harris, en su famoso libro *Le dije adiós a las citas amorosas*, señala que muchos jóvenes cristianos trazan una línea en la relación sexual y luego coquetean con sus pasiones mientras sea posible sin cruzar esa línea. Esto no solo es una necedad, sino que es un estilo de moralidad contrario a la Biblia.

Harris escribe: «La verdadera pureza es una dirección, una persistente y determinada búsqueda de la justicia. Esta dirección comienza en el corazón, y lo expresamos en un estilo de vida que huye de las oportunidades comprometedoras»[3].

A continuación están algunos factores a considerar si es que deseamos situar a nuestros hijos en el camino de la pureza a temprana edad.

Escoge la castidad

Mientras que se exponen al diluvio de información, pornografía y ejemplos inmorales que les espera a una edad cada vez más temprana, los hijos tendrán que tomar decisiones sobre su propio comportamiento. Si tales decisiones las toman en el hogar de una atractiva persona del sexo opuesto cuando los padres no se encuentran en casa, lo más probable es que no sean las mejores. Antes de que los hijos comiencen a salir solos con alguien del sexo opuesto, o siquiera piensen en esto, nosotros podemos esforzarnos por inculcarles principios bíblicos sobre la pureza. Ellos deben sumergirse en la tempestuosa edad de la adolescencia con la plena convicción de que la castidad es la mejor decisión.

Algunos padres preparan una «cita especial» entre el joven adolescente y el padre del sexo opuesto. En dicha cita se discute sobre el matrimonio y la pureza, y si el adolescente está dispuesto a hacer una promesa de abstinencia sexual, los padres le obsequian un anillo, un collar o una llave como símbolo de dicho compromiso.

Nunca estés ocioso ni aislado

¿Cómo pudo el rey David, un hombre conforme al corazón de Dios y que ya tenía varias esposas, tomar la decisión tan tonta de cometer adulterio con una hermosa mujer y ordenar la muerte del esposo para ocultarlo?

Muchos comentaristas señalan que se libraba una guerra y que el rey debía haber estado allí. Sin embargo, no era así. Se paseaba por el palacio al tener demasiado tiempo disponible. Vio a una hermosa mujer bañándose. La observó... por un buen rato. Luego pidió que se la trajeran.

Para cualquiera, sea niño o adulto, que no tiene nada que hacer, el mundo ofrece una amplia selección de decisiones de entretenimiento, la mayoría de las cuales oscilan entre lo vano hasta lo vil y destructivo. De la televisión a los vídeos, a la música, a la Internet, una persona aburrida que invierte tiempo buscando sitios en la Internet enseguida encontrará basura que mirar y escuchar. Existe un gran peligro al uno estar solo por mucho tiempo y con estos tipos de oportunidades de fácil acceso.

La vida familiar es un gran contexto para desarrollar intereses saludables en las artes, los estudios académicos, deportes y pasatiempos. El mundo de Dios está lleno de oportunidades para trabajar y jugar. Como cristianos, hemos recibido también el mandato de llevar el amor de Dios a un mundo herido mediante las obras de servicio y compasión. Mantenernos ocupados en asuntos saludables y retadores nos ayuda a todos a evitar el hoyo en el que cayó David.

Evita la tentación

De acuerdo con el autor y pastor Gene Getz: «Nadie puede evitar por completo las vibraciones sensuales del siglo veinte que emanan de las portadas de las revistas, los anuncios de películas y los comerciales de televisión»[4]. Getz escribió estas palabras en 1974. Con la avalancha de material pornográfico que en la actualidad está disponible en la Internet, esas vibraciones sensuales han llegado a convertirse en un terremoto de máxima escala. Y está zarandeando a nuestros hijos.

Hoy en día, la insinuación y la actividad sexual se han convertido en algo frecuente durante el horario familiar en la televisión. La música popular satura la mente de nuestros hijos con lenguaje cada vez más explícito y vulgar. Las revistas enfocadas hacia nuestros jóvenes adolescentes los tientan y excitan con historias de conquistas sexuales, presentándoles la inmoralidad como una norma llamativa.

A esto se añade las vallas publicitarias, los carteles y los anuncios que muestran modelos de ambos sexos con ropas ligeras y en provocativas poses.

Al llegar al instituto, cuando sus hormonas se abren paso, nuestros adolescentes reciben una abrumadora cantidad de señales que los estimula a obedecer sus sentimientos y a experimentar con el deleite sexual.

Es obvio que no podemos proteger del todo a nuestros hijos de escuchar y ver materiales indeseables, pero sí podemos controlar el televisor y la música que entra a nuestros hogares. Podemos colocar un filtro familiar en la Internet. Podemos mostrarles a nuestros hijos cuándo es tiempo de apagar cierto programa de televisión o cuándo salir de un cine para evitar llenar nuestras mentes de basura.

A medida que los chicos pasan a sus años de adolescentes, nosotros podemos alejarlos de situaciones de citas amorosas y salidas a solas con alguien del sexo opuesto, así como prohibirles recibirlos en casa cuando no se encuentren papá y mamá.

Pablo no le dijo a su joven protegido, Timoteo, que fuera fuerte ante la tentación sexual. ¡Le dijo que huyera!

Elimina el lenguaje obsceno

La inmoralidad en nuestros hábitos o pensamientos no tardará en brotar de nuestros labios, como les señala Pablo a los efesios. «Entre ustedes ni siquiera debe mencionarse la inmoralidad sexual, ni ninguna clase de impureza o de avaricia, porque eso no es propio del pueblo santo de Dios. Tampoco debe haber palabras indecentes, conversaciones necias ni chistes groseros, todo lo cual está fuera de lugar; haya más bien acción de gracias» (Efesios 5:3-4).

Joseph Stowell, en su libro *El control de la lengua*, señala cinco trampas del lenguaje sensual.

1. Neutraliza nuestra sensibilidad a la pureza moral.
2. Contribuye a un estilo mental sensual.
3. Refleja una falta de dominio propio.
4. Seduce a las personas al hacerles creer que somos sexualmente vulnerables.
5. Le roba a Dios su gloria en nuestro lenguaje[5].

Viste y actúa con modestia

La vestimenta es un asunto importante en cuanto a la modestia, y aunque el cuerpo del varón lo están envolviendo y presentando de una manera sexualmente seductora, el grueso del problema sigue centralizado en la vestimenta para las chicas.

Cuando de modestia se trata, el asunto pureza-pecado es una carretera de dos vías. Los varones se sienten sexualmente estimulados por lo que ven. Por lo tanto, las cosas que vienen del mundo y tientan al hombre de Dios incluye «la pasión de los ojos» (1 Juan 2:16, LBLA). Jesús conmocionó a la clase dirigente y religiosa de la época al decir que todo el que desea a una mujer en su interior era tan culpable como el que cometía adulterio en lo exterior.

Job tenía su propia solución que sería sabio que imitáramos. Dijo: «Yo había convenido con mis ojos no mirar con lujuria a ninguna mujer» (Job 31:1).

Por muy buenas intenciones que tenga, un cristiano todavía enfrenta asaltos a su pureza cada día. Al vestirse de manera provocativa, las jóvenes y las mujeres lo que hacen en realidad es acosar a los hombres, imponiéndoles pensamientos y sensaciones sexuales que no buscan.

Las jovencitas deben aprender a temprana edad que Dios las ha creado atractivas. No obstante, existe una diferencia entre verse linda y enviar un mensaje sexual. Algún día podrán celebrar su sensualidad en la privacidad e intimidad del matrimonio. En público, pueden decidir no hacer alarde de sus cualidades físicas ni enfatizarlas, sino esmerarse por desarrollar la belleza interna de la que habla Pedro: «Que la belleza de ustedes no sea la externa, que consiste en adornos tales como peinados ostentosos, joyas de oro y vestidos lujosos. Que su belleza sea más bien la incorruptible, la que procede de lo íntimo del corazón y consiste en un espíritu suave y apacible. Esta sí que tiene mucho valor delante de Dios» (1 Pedro 3:3-4).

El asunto de la modestia, no obstante, incluye mucho más que el vestirse con decencia. Los jóvenes, y hasta los jóvenes cristianos, han bajado los niveles de la decencia en los temas de conversación, los chistes, los ademanes y el entretenimiento. En un típico grupo de jóvenes cristianos, los jovencitos y jovencitas podrían dialogar sobre cualquier aspecto de la sexualidad, sentarse en las faldas el uno del otro, hablar sobre escenas de películas de tema cuestionable o mirar juntos tales películas y programas de televisión. Aun los jóvenes que han escogido el camino de la abstinencia sexual dan rienda suelta a cierta frescura que mantiene un nivel de excitación poco saludable.

Cuando los padres y los hijos observan comerciales provocativos, conversaciones o comportamientos, esta es una buena oportunidad para hacer algunos comentarios sencillos, a fin de inculcar un sentido de decencia que se ajuste a cada aspecto de la vida cotidiana.

Listos, apunten...

Cuando Pablo habló sobre la fidelidad matrimonial como una característica de la madurez cristiana, fue como arrojar una piedra en un estanque. Las implicaciones de esta frase se pueden entender en círculos en constante expansión. La Escritura nos lleva de «una esposa» a «no adulterio» a «no actos sexuales inmorales» a «no pensamientos sexuales inmorales», hasta el dominio propio y la santidad.

Ayúdalos a huir

Niños pequeños

- Cuando una niña pequeña juega con sus genitales, la distracción es la mejor solución. No te alarmes demasiado frente a ella, sino desvía su atención.
- Si encuentras a tus hijos jugando al «médico», recuérdales que «privado» significa que ciertas partes mías no les pertenecen a los demás. Diles lo que desapruebas sin enfatizar demasiado la culpa. Provee otras actividades y mayor supervisión.
- Si a un niño lo tocó de una manera inapropiada otro niño de mayor edad o un adulto, anímalo para que hable de eso, asegurándole que no fue su culpa. Si es necesario, presenta una demanda judicial.
- Usa el principio del «traje de baño». Las partes del cuerpo que están cubiertas por tu traje de baño son privadas. Solo se pueden ver en la casa, por la familia. A medida que un pequeñito crece hasta convertirse en un chico mayor, la transición debe hacerse para incluir solo a los padres del mismo sexo y a los hermanos. No hay razón para que los padres, sobre todo del sexo opuesto, expongan sus cuerpos desnudos ante sus hijos.

Preadolescentes

- Hablen sobre la sexualidad. Ellos quieren aprender, pero quizá no se sientan cómodos preguntando.
- Supervisa la música, el televisor y el acceso a la Internet, explicándoles por qué ciertas canciones, escenas e imágenes son inapropiadas. Las preguntas tales como: «¿Te gustaría si tu mamá se vistiera así?» o «¿Por qué crees que los varones desean estar con esa chica?», ayudarán a poner las cosas en perspectiva.
- En esta etapa, el papel del padre es muy importante para modelar ante los varones la masculinidad, y para suplir las necesidades de afecto y seguridad de sus hijas.
- Los preadolescentes quieren intentar nuevas cosas, pero no necesariamente tienen los recursos ni la fortaleza moral para

tomar decisiones positivas. Planifica algunas actividades y aventuras locas con tu familia o con una red de familias cristianas.

Adolescentes

- No temas establecer las reglas sobre las citas exclusivas, toques de queda y actividades aceptables.
- Explica por qué no está permitido cierto tipo de entretenimiento en tu hogar, no porque eres un puritano anticuado, sino porque tú también eres un ser sexual y entiendes los sentimientos y las tentaciones que podrían despertarse.
- Asegúrate de que tus hijos entiendan que evitar la relación sexual no es lo mismo que la pureza.
- Procura estar al tanto de cualquier cambio de comportamiento o personalidad que podrían ser señal del comienzo de influencias poco saludables por parte de los compañeros, drogas o experimento con el alcohol o el rechazo de los valores paternales.
- Continúa pasando tiempo con tus adolescentes y sus amigos cada vez que sea posible.

Al trabajar con nuestros hijos, comenzamos desde el exterior y nos movemos hacia atrás. La ejercitación del dominio propio comienza antes de que puedan pronunciar la palabra matrimonio. Nosotros alimentamos nuestras mentes con lo que es puro, les enseñamos discernimiento, les ayudamos para que aprendan a huir de las pasiones juveniles y luego los equipamos para que entren en una relación de pacto y compromiso con una sola persona por el resto de la vida.

Pablo lo expresó de la siguiente manera: «La voluntad de Dios es que sean santificados; que se aparten de la inmoralidad sexual; que cada uno aprenda a controlar su propio cuerpo de una manera santa y honrosa, sin dejarse llevar por los malos deseos como hacen los paganos, que no conocen a Dios» (1 Tesalonicenses 4:3-5).

El control personal de una manera santa es nuestra respuesta a Dios. Ser honorables es nuestra responsabilidad hacia los demás. La pureza sexual es el sello para ambos.

Preguntas para reflexión y discusión adicional

1. ¿Cómo se desempeñan tú y tus hijos en las siguientes esferas?
    - Ser previsor en la educación sexual adecuada para la edad.
    - Fortalecer la norma bíblica para el matrimonio.
    - Escoger la castidad.
    - Mantenerse ocupados.
    - Evitar la tentación.
    - Uso de lenguaje decente.
    - Práctica de la modestia
2. ¿Hay algunas esferas en particular en que necesitas trabajar junto con tus hijos? ¿Qué puedes hacer?
3. Un estudio de noventa mil adolescentes demostró que la conexión padre-hijo, aspiraciones universitarias y actividad religiosa frecuente ayudaron a disuadir a los adolescentes de fumar, beber, violencia y relación sexual[6]. ¿Cómo influyen los factores antes mencionados en las decisiones de un chico sobre las relaciones sexuales?

Apacible

[El obispo] no debe ser borracho ni pendenciero [...]
sino amable y apacible.
1 Timoteo 3:3

Honroso es al hombre evitar la contienda,
pero no hay necio que no inicie un pleito.
Proverbios 20:3

Dichosos los que trabajan por la paz,
porque serán llamados hijos de Dios.
Mateo 5:9

¿Alguna vez has escuchado lo siguiente desde el asiento trasero de tu auto, es decir, del auto del vecino?

—Mamá. Él me tocó.

—Yo no te toqué. Tú tienes más espacio que yo.

—Claro que no. Lo que pasa es que no estás sentado derecho.

—Ese libro es mío.

—Está bien, pero de todas maneras tú no lo mirabas.

—¿Podemos escuchar la radio?

—No, la radio no. Yo quiero un CD.

—Jessica, ¿qué tú quieres? Mira, ella también quiere escuchar la radio. Ahora somos dos en contra de uno.

—Eso no es justo. En el camino de ida ya escuchamos la radio. Ahora me toca a mí escoger.

—Mamá, ¿por qué Daniel se tiene que sentar siempre al lado de la ventanilla?

—¡Esta vez sí me tocaste!

La mirada en el blanco

Pablo usa la palabra griega *amachos* que significa «no pelear», o «no contencioso», para describir a un líder maduro. El único otro lugar en el que se usa esta palabra en el Nuevo Testamento es en Tito 3:2, donde se exhorta «a no hablar mal de nadie, sino a buscar la paz y ser respetuosos, demostrando plena humildad en su trato con todo el mundo». En este versículo la palabra se traduce como «buscar la paz».

En su discusión sobre esta palabra, Gene Getz dice lo siguiente: «Una persona contenciosa luchaba en contra de los demás, competía y debatía»[1]. Lucha, competencia y debate, palabras que resumen lo que se lleva a cabo en el asiento trasero cuando los hermanos están juntos. Es obvio que la familia es un campo de entrenamiento para aprender a relacionarnos con otros sin pleitear.

La marca de mi territorio

Siempre tuve la sospecha que nuestros viajes en auto eran de alguna manera semejantes a un zoológico motorizado, pero la siguiente interesante pieza de ciencia me lo confirmó.

Al parecer, los chimpancés forman patrullas para asegurar que nadie incursione en su territorio. Es más, huelen, escuchan y siempre vigilan por cualquier infracción. Cuando un chimpancé extraviado vaga por el espacio equivocado, se pueden apreciar «intimidantes despliegues de amenazas en las formas de vocalización, ademanes, postura y movimientos locomotores». Cuando hay un enfrentamiento entre grupos de chimpancés por un mismo espacio, «el resultado es un despliegue de amenazas vocales tales como gritos, jadeos y rugientes ladridos»[2]. En cuanto a mí, nunca he escuchado estos sonidos, pero después de varios viajes en auto, me los imagino.

Dios creó a los chimpancés con una necesidad territorial. Reclaman cierto espacio y sus recursos para su manutención y seguridad. Las mismas necesidades se encuentran en las personas y hasta diríamos que en Dios mismo.

Dios les dio a Adán y a Eva un lugar para vivir con un perímetro. Les ordenó que trabajaran y atendieran el lugar. Les dijo lo que podían tocar y lo que no podían tocar.

Es normal y saludable que los hijos tengan un sentido de territorio en cuanto a su espacio personal, privacidad y tiempo, así como cierto derecho de autodeterminación. Cuando alguien cruza la línea invisible, el niño puede refunfuñar o gruñir para mostrar su descontento. Un poco de esto es un medio necesario para que el niño afirme su propia identidad y sus necesidades. Esto no es lo mismo que una disputa, pero con rapidez podría llegar a convertirse en una.

Abraham y Lot nos dan un buen ejemplo. Cuando Abraham se marchó de Egipto para dirigirse a Canaán, era un hombre muy rico. Tenía dinero, siervos y ganado. Su sobrino y acompañante de viaje, Lot, también tenía sus propios rebaños. «La región donde estaban no daba abasto para mantener a los dos, porque tenían demasiado como para vivir juntos» (Génesis 13:6).

¿Acaso nos sorprende el siguiente versículo? «Por eso comenzaron las fricciones entre los pastores de los rebaños de Abram y los que cuidaban los ganados de Lot».

Por fortuna, en vez de darle rienda suelta a los sentimientos hostiles que comenzaron a filtrarse, Abraham y Lot reconocieron que el problema era real y se dedicaron a buscar una solución que fuese justa para ambos.

Un niño podría tener una necesidad legítima por espacio o privacidad. Sería muy sabio considerar maneras de alterar el ambiente a fin de ayudar a evitar el conflicto. Por otro lado, a un niño que tiene la tendencia de violar a cada momento las necesidades de espacio de las demás personas, es necesario reforzar las estructuras que marcan sus límites.

Altercados

«Ruego a Evodia y también a Síntique que se pongan de acuerdo en el Señor. Y a ti, mi fiel compañero, te pido que ayudes a estas mujeres que han luchado a mi lado en la obra del evangelio, junto con Clemente y los demás colaboradores míos, cuyos nombres están en el libro de la vida» (Filipenses 4:2-3).

¿Quiénes eran Evodia y Síntique, y cuál era su problema? Aunque no podemos afirmar lo que no está escrito, sí podemos obtener algunos hechos interesantes y hacer algunas deducciones sobre su situación. Estas mujeres eran cristianas. Trabajaban juntas en el ministerio y en colaboración con Pablo, Clemente y otros. Pertenecían a la iglesia en Filipos.

Su problema tomó la forma de un desacuerdo. A diferencia de las disputas por límites, la solución se encontraba en la misma gente y no en un cambio de circunstancia («Ruego a Evodia y también a Síntique»). El «fiel compañero» de Pablo recibió el llamado a ayudar a estas dos mujeres, en vez de la petición de cambiar algo en su situación. Esto también nos sugiere que un problema personal se convirtió en uno público, pues Pablo incluyó esta nota al parecer privada en una carta que se le leería a toda la iglesia.

¿Cuál fue la naturaleza de esta disputa? Algunas posibilidades:

Llave que gotea

Ciertas personalidades, o más bien defectos de carácter, parecen encaminarse de manera inevitable a las disputas. Todos conocemos personas que se levantan cada mañana buscando algo para quejarse, discutir o pelear, personas que evitamos a todo costo. Estoy segura que en su vida Salomón tenía por lo menos una mujer así, ya que habla con la voz de la experiencia cuando escribe lo siguiente: «La mujer pendenciera es gotera constante» (Proverbios 19:13).

Si tú o tu hijo conocen una llave que gotea, prepárense con una respuesta positiva o solo aléjense sin contestarle. No siempre puedes escoger las personas con las que vives o trabajas, pero siempre puedes decidir si te enredas o no en un conflicto.

Pecados de egoísmo

De manera particular hay varios pecados que parecen ser una posible causa de contienda y discordia. Entre estos se encuentran el

Solución del altercado

A veces es importante que los niños o los adultos informen las malas acciones de otra persona. Si una persona hiere a otras, se le debe informar a un adulto, en vez de causar una escalada al intentar vengarse.

Sin embargo, aun hablar puede muy bien ser una forma de venganza. «Yo soy muy pequeño para defenderme, así que voy a usar el "arma mamá" y darte duro».

Cuando un niño corre hacia ti con un largo recuento del crimen cometido por otro chico, hazle las siguientes preguntas:

- ¿Tratas de herir o ayudar a la persona de quien hablas?
- ¿Intentaste antes resolver el asunto entre ustedes?
- ¿Dejarías lo sucedido?
- ¿Qué sucedió?
- ¿Y tú que hiciste?
- ¿Tocó esta persona a otros de una manera abusiva o violenta que hizo falta ocuparse de esto?
- ¿Existe un peligro continuo?
- ¿Me ayudarían los dos a encontrar una solución agradable?

Aprovecha la oportunidad para enseñarles a todos los involucrados destrezas para la solución de conflictos.

odio, el orgullo, la avaricia y la ira (Proverbios 10:12; 13:10; 28:25; 29:22).

La descripción más gráfica del conflicto viene de esta lista en Gálatas, incluida en los actos de la naturaleza pecaminosa: «odio, discordia, celos, arrebatos de ira, rivalidades, disensiones, sectarismos y envidia» (5:20-21). No es un cuadro muy bonito, ¿verdad?

Debido a que al parecer Evodia y Síntique tenían la misma responsabilidad por su descuerdo, suponemos que cada una permite que el pecado introduzca su fea cabeza en sus propias luchas de carácter.

Chisme

«Sin leña se apaga el fuego; sin chismes se acaba el pleito» Proverbios 26:20). Deleitarse en los errores, las desgracias o el pecado de los demás está enraizado en gran parte de nuestras conversaciones. Las historias se mutilan y se alimentan las falsas suposiciones y lealtades erróneas.

La disputa entre Evodia y Síntique se está esparciendo e infectando la iglesia, y esto es indicio de que alguien está hablando. Pablo debe exhortarlas en público con el propósito de resolver su conflicto.

Lealtades erróneas

Los chimpancés trabajan como un grupo. Los leones reclaman y defienden su territorio como manada. Los peces nadan en un banco. La gente se identifica con un grupo. El sentido de pertenencia social es una poderosa motivación para lo que es bueno o malo. También se convierte en la fuente de disputas insignificantes.

Eso fue lo que ocurrió en la iglesia de Corinto. Pablo escuchó que diferentes facciones reclamaban lealtad a Pablo, Apolos, Cefas y Cristo, y esto estaba causando disputas.

Cualquier cosa que distinga a un grupo por encima de otro con facilidad puede llegar a convertirse en una fuente de orgullo o el impulso para una lucha poderosa. Las pandillas pelean por territorio solo para probar que un grupo tiene más poder que el otro. Las facciones dentro de la iglesia batallan entre sí, cada cual inflando sus propios globos de justicia propia con la creencia de que Dios sanciona la opinión de cada grupo.

Pablo les dice que lo superen. Que den un paso atrás y consideren el panorama completo. Lo cierto es que solo hay dos facciones: Jesús y Satanás. Si no eres de Cristo, estás en su contra. Todos los demás asuntos son triviales y no vale la pena gastar energías en conflictos.

Discusión sobre las opiniones

La Biblia tiene mucho que decir acerca de los argumentos y las opiniones. Los cristianos son famosos por contender de esta manera. Los falsos maestros se benefician de este agujero en la armadura al enzarzar a las personas en interminables discusiones e influyendo en su sistema de creencias mediante la retórica contradictoria.

Con estas palabras, Pablo le advierte a Timoteo sobre el falso maestro: «Ese tal padece del afán enfermizo de provocar discusiones inútiles que generan envidias, discordias, insultos, suspicacias» (1 Timoteo 6:4).

Tener firmes creencias es cosa buena. Dudar y cuestionar es un proceso saludable y necesario. Los niños necesitan sentirse libres para cuestionar las ideas y las convicciones de sus padres. Nuestra meta no es evitar todo tipo de intercambio de ideas o desacuerdos.

Al escuchar a nuestros hijos con humildad y respeto, también les enseñamos a considerar los puntos de vista de los demás. Nosotros les podemos mostrar cómo mantenerse firmes sin denigrar a la otra persona cuando defendemos nuestras creencias no negociables, en especial las relacionadas con asuntos de la fe.

Por otro lado, tener la humildad para admitir que nuestra opinión estaba errada o equivocada, es una de las mejores maneras de enseñarles a nuestros hijos la actitud que desarmará los argumentos antes de que lleguen a un punto de verdadero acaloramiento.

Debemos ser sinceros y reconocer que algunos asuntos no valen la pena el esfuerzo. Cuando a los chicos los sacan de quicio con asuntos de opinión subjetiva («No, ¡*esos* pantalones son mejores!»), lo mejor es enseñarles a expresar su idea y luego dejar el asunto. De nada vale tratar de imponer nuestra opinión en materia de gusto personal. Solo piensa en todas las discusiones que evitaríamos sobre estilos de adoración y actividades del grupo de jóvenes si los adultos aprendieran a bajar sus armas en tales situaciones subjetivas.

Pablo dice: «No tengas nada que ver con discusiones necias y sin sentido, pues ya sabes que terminan en pleitos» (2 Timoteo 2:23).

Injusticia percibida

Tu hijo dice que le toca sentarse al lado de la ventanilla. Tu hija dice que ayudas más a su hermano con las tareas escolares. Uno se queja de que el otro hermano recibió más postre. Uno dice que los demás chicos pueden llegar a sus casas a una hora más tarde los viernes por la noche.

Todos juntos una vez más, por favor: «¡No es *justo*!».

Caín y Abel iniciaron en grande la historia de la rivalidad entre hermanos. Dios prefirió el sacrificio de Abel. Caín estaba celoso, así que se enojó y mató a su hermano. Noten que Abel no hizo nada para provocar o herir a su hermano de forma directa.

El patrón es similar con José y sus hermanos.

José era el hijo predilecto de su padre. A medida que entendemos la vida familiar, quizá no fuera una gran sorpresa para los hermanos cuando José recibió su manto de muchos colores. Es de suponer que a él siempre lo trataron con «color», mientras que los otros recibieron un trato en «blanco y negro». José no tenía la culpa. Sin embargo, el resentimiento de los hermanos fue directo a José en vez de al padre.

Así que cuando José relató los sueños que significaba que él gobernaría sobre sus hermanos y sus padres, los hermanos se enfurecieron. Aprovecharon la próxima oportunidad para deshacerse de él.

A menudo los celos alimentan las contiendas. Santiago escribe: «¿De dónde surgen las guerras y los conflictos entre ustedes? ¿No es precisamente de las pasiones que luchan dentro de ustedes mismos? Desean algo y no lo consiguen. Matan y sienten envidia, y no pueden obtener lo que quieren. Riñen y se hacen la guerra. No tienen, porque no piden. Y cuando piden, no reciben porque piden con malas intenciones, para satisfacer sus propias pasiones» (Santiago 4:1-3).

Santiago nos enseña un principio práctico sobre nuestra percepción de la injusticia. Cuando no obtenemos lo que queremos, primero debemos determinar si es un deseo digno de satisfacer. ¿Tienen mis hijos que vestir la ropa más cara en su clase? No. ¿Tiene cada hijo la necesidad legítima de sentirse amado por una madre y un padre? Sí. Los motivos y los valores están intrínsecamente ligados a nuestros deseos y por eso hay que evaluarlos.

El segundo punto que Santiago nos enseña es que debemos ir a la fuente. Dios ha prometido suplir nuestras necesidades. Enseñarles a los hijos a orar y confiar en vez de compararse con los demás, es el primer paso hacia desarmar la rivalidad sobre reclamos irrazonables. Acudir a Dios también establece un patrón para acercarnos de forma directa a la fuente de cualquier injusticia percibida.

Si un hijo cree que mamá y papá favorecen a un hermano, el asunto se debe llevar ante los padres y no pelearse con el hermano o la hermana. Este método, cuando se enseña en el hogar, se transferirá a la escuela y al final al centro de trabajo, así las contiendas sobre cualquier injusticia se pueden discutir directamente con los que tienen el poder para cambiar la situación.

Objetor de conciencia

Para que el conflicto exista, hay que mantenerlo. Cuando era una adolescente en la década de amor y paz de 1970, tenía un cartel que decía: «¿Qué tal si llaman a la guerra y nadie se presenta?».

¿Qué tal si te retan a participar en una discusión y sencillamente no participas? ¿Qué tal si te provocan y no respondes? ¿Y qué si alguien te fastidia y decides no morder la carnada?

El sabio escribió: «Iniciar una pelea es romper una represa; vale más retirarse que comenzarla» (Proverbios 17:14). La mayoría de las peleas se pueden evitar. Podemos ser objetores de conciencia, optando por no participar en estas pequeñas guerras.

Paz, hombre

Aun mejor que evitar la guerra es la exhortación bíblica de hacer la paz, mantener la paz y vivir en paz. «Esforcémonos por promover todo lo que conduzca a la paz y a la mutua edificación» (Romanos 14:19). «Busquen la paz con todos, y la santidad» (Hebreos 12:14).

Cuando las personas están juntas, el conflicto es inevitable. No obstante, de acuerdo a estos versículos, el arte de hacer la paz es algo que se puede aprender y practicar a propósito. Por lo general, hacer la paz involucra escuchar, tratar de ver la situación desde el punto de vista de la otra persona, llegar a ciertos arreglos, encontrar alternativas creativas que satisfagan a todos o sacrificar intereses propios por los intereses de los demás. Tener una meta común y ser conscientes de un enemigo común son grandes puntos de convergencia, en especial para los creyentes.

Listos apunten...

Pablo escribe: «No haya división en el cuerpo, sino que sus miembros se preocupen por igual unos por otros. Si uno de los miembros sufre, los demás comparten su sufrimiento; y si uno de ellos recibe honor, los demás se alegran con él» (1 Corintios 12:25-26).

Empatía es la habilidad de sentir los sentimientos de otra persona. Cuando caminamos un kilómetro en los zapatos de otra persona, es asombroso la manera en que cambia nuestra perspectiva. El verdadero amor fraternal permite ciertas indulgencias y concesiones debido a que el verdadero amor fraternal entiende.

Pedro estimula la unidad en estos términos: «En fin, vivan en armonía los unos con los otros; compartan penas y alegrías, practiquen el amor fraternal, sean compasivos y humildes. No devuelvan mal por mal ni insulto por insulto; más bien, bendigan, porque para esto fueron llamados, para heredar una bendición» (1 Pedro 3:8-9).

Los belicosos esparcen insultos y conflictos. Los pacificadores deciden pasar por alto los errores y bendicen a los demás con compasión. Pedro dice que los pacificadores heredarán una bendición. Jesús dice: «Serán llamados hijos de Dios» (Mateo 5:9).

Preguntas para reflexión y discusión adicional

1. ¿Cómo describirías la cualidad de carácter «amable y apacible»?
2. En Proverbios 6:16-19, Salomón enumera las cosas que Dios aborrece. Comienza diciendo: «Hay seis cosas que el Señor aborrece, y siete que le son detestables». La última de las odiosas cualidades en el versículo 19 es: «El que siembra discordia entre hermanos». ¿Por qué odia el Señor las discordias?
3. Intenta evaluar a los miembros de tu familia en las siguientes esferas:
    - Posee un sentido razonable de territorio personal y necesidades de privacidad
    - Respeta las necesidades de los demás miembros de la familia
    - Tiene una perspectiva positiva y alegre
    - Gustoso hace concesiones
    - Desarrolla habilidades a fin de terminar los desacuerdos
    - Sabe cuándo dejar un asunto sin importancia
    - No se deja influir con facilidad por la presión de grupo
    - Evita hablar de los demás detrás de sus espaldas
    - Va a la persona adecuada cuando hay injusticia
    - Es capaz de considerar los sentimientos de otra persona

- Logra discutir las diferencias de ideas sin crear conflictos
- Se esmera por hacer la paz

4. ¿Qué puedes hacer para mejorar tu actitud y acciones y la de tus hijos?

8

No se irrita con facilidad

El obispo [...] no debe ser [...] pendenciero [...] sino amable.
1 Timoteo 3:2-3

Debe ser intachable: no [...] iracundo [...] ni violento.
Tito 1:7

Caín fue la primera rama en el árbol genealógico humano. Era un hortelano. Su hermano menor, Abel, era pastor de ovejas. Ambos aprendieron de Dios el Creador por su mamá y papá, quienes tuvieron una notable experiencia de primera mano. Después de cierto tiempo, Caín decidió hacerle una ofrenda a Dios y le llevó una variedad de vegetales y granos. Abel le llevó la porción de grosura de varios corderos y carneros de entre los primogénitos.

Entonces algo resultó mal. En todo caso para Caín.

Dios aceptó a Abel y su ofrenda. Dios rechazó la ofrenda de Caín. La Biblia no dice lo que esta segunda generación de la humanidad entendía sobre el sacrificio de sangre y el perdón de pecados, pues ese no es el asunto aquí.

El asunto es el corazón de Caín.

Caín se enojó y puso mala cara, o quizá gruñó: «Caín se enfureció y andaba cabizbajo» (Génesis 4:5). Después Dios habló. Es interesante notar que Caín y Dios todavía mantenían un diálogo. Al parecer, la ira de Caín estaba dirigida hacia Abel, a quien veía como su rival; un hermano menor que podía mostrar quién era.

Entonces, en una pérfida farsa de amistad fraternal, Caín invitó a Abel a dar un paseo. El texto bíblico es terminante: «Mientras estaban en el campo, Caín atacó a su hermano y lo mató» (v. 8).

El error de Caín fue obvio. Ofreció el sacrificio equivocado ante Dios. Cometió el primer asesinato. Como nunca quemo vegetales ni animales a propósito, y más bien le tengo afecto a mi hermano, no me identifico con lo sucedido. Hasta que me doy cuenta de que la verdadera historia pasa entre el sacrificio y el asesinato. La verdadera historia es la conversación de Dios con Caín y la de este consigo mismo.

Dios no reprendió a Caín porque se calentara más la grosura en el fuego. Dios se concentró en cómo Caín *lidiaría* con sus emociones. Le dijo que considerara su enojo. Le dijo que lo reconociera. Que lo echara a un lado. Que hiciera lo bueno. «¿Por qué estás tan enojado? ¿Por qué andas cabizbajo? Si hicieras lo bueno, podrías andar con la frente en alto. Pero si haces lo malo, el pecado te acecha, como una fiera lista para atraparte. No obstante, tú puedes dominarlo» (Génesis 4:6-7).

Dios le ofreció a Caín una salida, así como lo hace contigo y conmigo cuando sabe que no nos hemos rendido aún. En ese instante, Caín pudo escoger. Sus pasiones no lo arrastraban sin control. Sin embargo, pronto lo harían. Tenía que tomar una decisión, antes de que fuera demasiado tarde. «Si hicieras lo bueno, podrías andar con la frente en alto. Pero si haces lo malo, el pecado te acecha, como una fiera lista para atraparte. No obstante, tú puedes dominarlo» (v. 7).

El pecado de Caín no fue su sacrificio ni su enojo. El pecado de Caín fue asesinar a su hermano. No lo hizo en el campo. Lo hizo en su corazón cuando decidió abrir la puerta y permitir que el pecado se convirtiera en su dueño y lo dominara.

La mirada en el blanco

La palabra griega usada en Tito 1:7 para «iracundo» en la NVI y «enojarse con facilidad» en TLA es *orgilos*, que significa propenso a la ira, irascible. Esta palabra bíblica en particular para enojo sugiere «una condición más fija o permanente de la mente, frecuentemente con vistas a tomar venganza»[1].

Otra palabra muy común usada para enojo en el Nuevo Testamento es *thumos*, la cual «indica una condición más agitada de los sentimientos, una explosión de ira debida a la indignación interna»[2].

Otras facetas de esta emoción descrita en la Biblia incluyen irritación, indignación, disgusto, provocación y hasta aflicción.

Los términos *ira* y *enojo* se usan en la Biblia quinientas ochenta y siete veces, a menudo refiriéndose a la ira de Dios. El salmista pregunta: «¿Quién puede comprender el furor de tu enojo? ¡Tu ira es tan grande como el temor que se te debe!» (Salmo 90:11).

Si Dios puede enojarse a tal grado, es obvio que la ira en sí no es pecaminosa. La ira puede facultarnos para pelear a favor de la justicia o degenerar hasta convertirse en comportamiento egoísta y destructivo. Como dice Joseph Stowell: «La intención de Dios es que la ira nos alerte a la injusticia, no que nos arrastre hacia la misma»[3]. Los beneficios de la «ira justa» no son una excusa para las rabietas incontrolables.

La ira de Dios actúa en armonía con su paciencia y misericordia. La Escritura dice: «Una y otra vez contuvo su enojo, y no se dejó llevar del todo por la ira» (Salmo 78:38); Él es «lento para la ira y grande en amor» (Números 14:18); «solo un instante dura su enojo, pero toda una vida su bondad» (Salmo 30:5).

Es en imitación de la compasión y el dominio propio del amor de Dios que se nos dice: «[El amor] no se enoja fácilmente» (1 Corintios 13:5).

A fin de aprender a manejar de una manera positiva la inflamable emoción de la ira, es útil que consideremos tres pasos, como las tres luces del semáforo.

Luz roja: Para

En vez de dejar el proceso pensante y arremeter hacia delante impulsados por energía agresiva, nos convendría detenernos y evaluar lo que sucede en realidad en nuestras mentes y cuerpos cuando nos enojamos.

Reconoce tus sentimientos

¿Alguna vez has escuchado a alguien con un rostro desfigurado gritar: «¡Yo *no* estoy enojado!»? ¿Le creíste?

Cuando las emociones comienzan a controlar el cerebro en un momento de explosiva pasión, nos encontramos en peligro de negar la misma fuerza que nos controla. Cuando Caín se enojó con su hermano Abel, Dios lo detuvo y comenzó a cuestionarlo por sus emociones. Dios nombró la emoción que se agitaba dentro de Caín y le pidió que considerara qué era y de dónde venía.

La palabra *enojo* abarca varias reacciones emocionales. Podemos estar airados, irritados, frustrados, enfurecidos, resentidos. Los distintos tipos de enojo provocan incluso diversos síntomas físicos. Sufrimos dolores de cabeza, dolores y acidez estomacales. Las personas nos hacen la vida imposible y nuestra sangre comienza a hervir. El primer paso para controlar el enojo es reconocer nuestras propias señales y admitir que las experimentamos.

Aprópiate de tu enojo

Otro aspecto de reconocer nuestro enojo es hacerlo de uno. Esto significa que el antiguo recurso de «¡Me vuelve loco!» no se abandona en realidad. Nadie tiene suficiente poder sobre ti para hacer que te enojes tanto. El comportamiento irritante le pertenece a la otra persona. El enojo te pertenece a ti.

El otro día observé en la sala de espera del hospital a unos padres y su hijo pequeño. El chico se movía en una silla, inventando una historia y representándolo todo frente a sus padres y otros observadores que se divertían. La madre se reía y animaba a su hijo, contenta de que el chico hubiera encontrado una manera creativa en qué ocuparse. El padre comenzó a agitarse cada vez más y al final le dijo con brusquedad al chico que se sentara y guardara silencio. ¿Enojó el niño a su padre?

El comportamiento del niño fue el detonante. Basado en quién era el padre, cómo se sentía aquel día, cuáles eran sus valores o experiencias pasadas, aquel gatillo en particular hizo estallar una explosión de enojo.

Para entender nuestro enojo, necesitamos entender quiénes somos y qué nos provoca y hace estallar.

Identifica tus detonantes

La ira de Dios se provoca por la injusticia. Nuestra ira es sobre todo egocéntrica, no se preocupa mucho por la justicia divina ni nuestra comodidad (Santiago 1:20). En su libro *Exploring Your Anger*, Glenn Taylor y Rod Wilson ofrecen esta provechosa definición: «La ira es una experiencia que ocurre cuando una meta, valor o expectativa que he escogido se ha bloqueado o cuando mi sentido de valor personal se ve amenazado»[4].

Algunos ejemplos de necesidades y situaciones que podrían provocar ira:

- *Necesito sentirme amado.* Si esto es un asunto sensitivo en particular para mí, me enojaré con facilidad por cualquier indicio de rechazo o insulto. Hasta percibiré rechazo cuando no sea la intención.
- *Necesito sentirme validado.* Quiero lograr el éxito. Si no estoy seguro de mi valor personal y de mis logros, me comparo con otros y enseguida me dejo dominar por los celos.
- *Necesito autonomía.* Deseo dirigir mi propia vida y me molesto con cualquiera que trate de controlarme. Me irrito con facilidad en situaciones que están fuera de mi control.
- *Tengo ambiciones.* Si invierto energías en lograr cierta meta, y las personas o las circunstancias se interponen en mi camino, pierdo la paciencia. Si mis propios errores o debilidades me hacen fracasar, me siento frustrado en extremo.
- *Deseo tranquilidad y seguridad.* El temor a las consecuencias me ponen nervioso y agitado. La inseguridad creada por el cambio también me provoca ira.

- *Básicamente soy egoísta.* Quiero las cosas a mi manera y en mi momento. Si los tuyos no corresponden con mis deseos, me siento perturbado. Si una circunstancia inesperada me cuesta tiempo, energía o dinero, es posible que estalle de ira.

Me imagino que el papá en la sala de espera era del tipo controlador. Le resultaba difícil sentarse por un tiempo indefinido y esperar. Quizá el temor a los hospitales relacionado con una experiencia desdichada de su pasado agravó su nerviosismo. Añade a esto la posibilidad de que viniera de una familia estricta donde los hijos no causaban ninguna conmoción en público. Estaría escuchando voces en su cabeza diciéndole que alguien se iba a meter en problemas.Ver a mamá reír fue demasiado para él. Se sintió incomprendido e insultado en lo personal. Le gritó al niño diciéndole que se sentara en un intento por restaurar cierto sentido de control a una situación que no podía manejar.

Al enseñarles a nuestros hijos a detenerse y reconocer su ira, necesitamos estimularlos para que entiendan sus propias necesidades y los tipos de situaciones que de manera particular las provocan. La pregunta que Dios le hizo a Caín es muy buena para todos nosotros: «¿Por qué estás tan enojado?».

Luz amarilla: Precaución

Evalúa la situación

Después de examinar nuestra reacción, es tiempo de volvernos a la situación que la provocó y tratar de comprenderla mejor. Cuando una niña llega de la escuela nerviosa y diciendo que su maestra la obligó a quedarse más tiempo para limpiar algo que no ensució, quizá desees explorar con ella algunas de las siguientes esferas:

- *Considera la veracidad de los hechos.* ¿Participó de alguna manera con la suciedad? ¿Hizo otra cosa durante el día para irritar a la maestra? ¿Se quedaron otros después de la escuela?

- *Análisis del otro punto de vista.* ¿Cómo se ven las cosas desde el punto de vista de la maestra? ¿Y qué si atravesaba un día especialmente difícil? ¿Cómo se sintió el causante de la suciedad?
- *Análisis del verdadero asunto.* ¿Se trata de la suciedad o con irresponsabilidad y mal comportamiento en general? ¿Es algo importante y digno de toda una noche de diálogo? ¿Importará el asunto en una semana, o en un día, o incluso unas horas?

Explora tus opciones

Existe la posibilidad de varias estrategias o combinaciones de estrategias para enfrentar la ira. No todas son apropiadas. La persona que experimenta la emoción tiene a la larga la responsabilidad por la manera en que reacciona. En esta etapa no debemos enfocarnos en dar demasiadas órdenes, sobre todo a hijos de mayor edad. Hacer preguntas que faciliten el diálogo ayudará al chico a explorar sus opciones.

Habla contigo mismo. Echarle un vistazo objetivo a la situación y explicar los agentes irritantes desde otro punto de vista es una manera de repasar lo que pudo haber encendido la ira y apagar el fuego.

Ventílalo. Expresar ira mediante gritos o puñetazos podría dar la apariencia de proveer algún tipo de escape, pero es ineficaz al tratar de calmar la agitación, y en realidad le añade a la ira. «El efecto neto de ventilar el enojo cada vez que uno lo siente es solo alimentarlo, convirtiéndolo en una respuesta más probable a cualquier situación fastidiosa»[5].

Cálmate. El ejercicio físico, un baño caliente, una visita al parque son cosas para calmarse. La altamente cargada respuesta neurológica se puede desarmar de esta manera, reduciendo el nivel de energía y proveyendo para un pensamiento más racional.

Enfrenta el asunto. Si se cometió una injusticia o se percibió, es importante enfrentar el asunto con la persona adecuada y en el momento oportuno, preferiblemente cuando el sentido de ira inicial ha pasado.

Pásalo por alto. Puedo fingir que no ha sucedido nada, que no estoy herido, que mis sentimientos no importan. Sin embargo, la emoción es válida y poderosa, y me consumirá desde adentro si no lidio de manera franca con el asunto.

Olvídalo. Alguien se cuela delante de ti en la fila del cine y las chispas vuelan en tu cabeza. La decisión es tuya. Deja que siga hirviendo y arruine la velada al permanecer malhumorado o vence los sentimientos. No hay nada que puedes hacer en cuanto a muchas de las inconveniencias de la vida.

Refunfuña. El latente fuego del resentimiento transporta ira restante de una situación hacia la otra, produciendo irritabilidad general y un rápido mal genio. Un conflicto sin resolver afecta cada encuentro con la persona involucrada y también esparce el veneno a otras relaciones.

Golpea. Cuando Dios le dio a Caín la oportunidad de examinar su reacción y hacer lo bueno, él escogió la peor opción disponible. Asesinó a su hermano. Jesús aclaró el mandamiento «no matarás» al decir: «Pero yo les digo que todo el que se enoje con su hermano quedará sujeto al juicio del tribunal» (Mateo 5:22), y luego pone un ejemplo de abuso verbal. Pablo dice que los líderes de la iglesia no deben ser violentos, ni «golpeadores».

Culpa. Hallar culpa en otra persona, en el gobierno, en nuestros padres o en Dios es para muchos de nosotros una reacción instintiva y natural. El problema con depositar culpa en la puerta de otra persona es que perdemos el poder de hacer cambios que podrían rectificar la situación.

Perdona. Quizá la ofensa es real. Tal vez alguien actuó de una manera dañina. Puede que la persona esté arrepentida o no. Todavía está dentro del poder de la persona herida perdonar la deuda.

Procura la venganza. Otra opción es hacer que la otra persona sufra por lo que ha hecho. Esto podría implicar violencia, pero a menudo asume la forma de desaire, el sabotaje de una reputación, el abuso verbal o grosería en general.

Luz verde: Avanza

Piensa de un modo diferente

Pablo les escribe a los romanos: «No se amolden al mundo actual, sino sean transformados mediante la renovación de su mente. Así podrán comprobar cuál es la voluntad de Dios, buena, agradable y perfecta» (Romanos 12:2).

En su libro *Emotional Intelligence*, Daniel Goleman escribe: «El tren de los pensamientos enfadados que echa carbón a la ira, es también la clave potencial para una de las maneras más poderosas de desarmar la ira: socavar las convicciones que abastecen la ira en primer lugar»[6].

Nuestra manera de pensar influye en nuestra manera de sentir y reaccionar. La integración de algunas de estas verdades bíblicas puede embotar a la rabia:

- Se supone que este mundo no sea un lugar cómodo para mí (Romanos 8:23).
- Dios me ama aun cuando me rechazan los demás (Romanos 8:31).
- Dios ejecutará su juicio a su debido tiempo (Salmo 9:8).
- Mi vida puede terminar en cualquier momento. ¿Qué es lo que importa en realidad? (2 Pedro 3:11-12).
- Dios ama y aprecia a esa otra persona (Juan 3:16).
- Mis circunstancias nunca están fuera del control de Dios (Romanos 8:28).

Actúa como es debido

Algunas de las opciones que exploramos para expresar ira son positivas. Dependiendo de la situación, esto sería bueno para calmarse, dialogar al respecto, corregir la ofensa, ajustar las expectativas, perdonar o solo olvidar el asunto. O cualquier combinación de estas.

Cuando los niños golpean

- Establece un ejemplo de dominio propio y habilidades en la solución de conflictos.
- De manera especial los varones necesitan jugar a las peleas con un adulto a fin de soltar energías agresivas y aprender a marcar la línea entre el juego y el abuso.
- Limita la exposición a la violencia en la televisión.
- Evita los juegos violentos de vídeo.
- Sé sensible a los sentimientos de rechazo o baja autoestima que a veces activan la violencia.
- Enséñales a los niños a afirmar de forma pacífica sus propios límites y a respetar el espacio personal de los demás.
- Vigila las señales de advertencia. Eviten las situaciones que sean volátiles en potencia.
- Interviene en el conflicto para enseñar destrezas de discusiones justas y acuerdos mutuos.
- Aplica consecuencias firmes. Debe haber cero tolerancia por el comportamiento agresivo.
- Parte de la consecuencia involucraría la restitución; por ejemplo, el chico que golpea le confecciona una tarjeta a la víctima o desempeña un quehacer en su lugar.
- El golpeador debe pedir perdón.
- Discute lo sucedido y explora cómo el niño podría actuar de otra manera en una situación similar en el futuro.
- Oren juntos por el niño agredido.

En las cartas pastorales de Pablo, y en otras partes de la Biblia, es claro que la violencia no es una opción viable. Cuando Pablo habla sobre los líderes de la iglesia, va un paso más allá y hace un contraste interesante. Escribe: «El obispo [...] no debe ser [...] pendenciero [...] sino *amable*» (1 Timoteo 3:2-3, énfasis añadido).

Procura la amabilidad

En la Escritura, la amabilidad y la mansedumbre van de la mano como dos facetas de una misma característica. La mansedumbre es el «hábito mental» interno, mientras que la amabilidad describe la manera de comportarse una persona con dicha actitud hacia otras personas[7].

Imagínate cómo sería nuestro mundo (y nuestros hogares) si sustituyéramos la violencia con la amabilidad. «[Sean] siempre humildes y amables, pacientes, tolerantes unos con otros en amor. Esfuércense por mantener la unidad del Espíritu mediante el vínculo de la paz» (Efesios 4:2-3).

Listos, apunten...

Jesús sabía cuándo y cómo expresar su ira. Él también se refirió a sí mismo como «manso». Los apóstoles eran amables entre sus hermanos creyentes. A medida que nuestros hijos aprenden a manejar la poderosa emoción de la ira, queremos que demuestren mansedumbre mediante acciones amables, a fin de ser justos y perdonar.

Todos deberíamos colocar este letrero en la puerta en nuestros corazones y nuestras bocas: «Por lo tanto, como escogidos de Dios, santos y amados, revístanse de afecto entrañable y de bondad, humildad, amabilidad y paciencia, de modo que se toleren unos a otros y se perdonen si alguno tiene queja contra otro. Así como el Señor los perdonó, perdonen también ustedes. Por encima de todo, vístanse de amor, que es el vínculo perfecto» (Colosenses 3:12-14).

Preguntas para reflexión y discusión adicional

1. ¿Cómo se desempeñan tú y tus hijos en la esfera del control de la ira?
    - Reconocen la emoción

- Se apropian de ella y la comprenden
- Evalúan la situación
- Exploran las opciones
- Renuevan su manera de pensar
- Actúan como es debido
- Demuestran la amabilidad

2. ¿Cuáles son algunas cosas prácticas que puedes hacer para trabajar en el desarrollo de estas destrezas?
3. Pablo les advierte a los padres que «no hagan enojar» a sus hijos (Efesios 6:4, véase también Colosenses 3:21). ¿Qué quiere decir? ¿Cómo evitas que provoques e irrites a tus hijos?
4. «El necio da rienda suelta a su ira, pero el sabio sabe dominarla» (Proverbios 29:11). Piensa en una situación que podría provocar una respuesta airada. ¿Cómo reaccionaría un necio? ¿Qué haría un sabio?

9

No es arrogante

El obispo tiene a su cargo la obra de Dios,
y por lo tanto debe ser intachable: no arrogante.
Tito 1:7

Con humildad consideren a los
demás como superiores a ustedes mismos.
Filipenses 2:3

Imagina que la perspectiva de un hombre de su importancia se parece a un globo. Ahora piensa en Saúl, aquel hombre alto y guapo que se escogió para ser rey de Israel. Intenta esconderse porque se considera indigno. Su globo es pequeño.

Entonces junta un ejército. Sopla. Dirige una exitosa campaña militar en contra de los amonitas. Sopla. Enfrenta a los filisteos. Sopla.

Entonces, ocurre algo desconcertante.

Samuel, el profeta de Dios, le dice a Saúl que vendría para ofrecer sacrificio e invocar la bendición de Dios sobre la batalla. Saúl debe esperar. Sin embargo, es impaciente. ¿Quién dijo que Samuel era el único que podía ofrecer los sacrificios? ¿Por qué no puede Dios hacer las cosas basándose en el criterio de Saúl? Sopla. Sopla. Entonces Saúl procede. Decide ofrecer el sacrificio. Recibe un regaño, pero en vez de arrepentirse sigue protestando y se defiende. Sopla.

Mas tarde, en la batalla con los amalecitas y bajo órdenes estrictas de matar a los hombres, mujeres y niños y no tomar del botín, Saúl desobedece. Presenta excusas por su conducta, hasta excusas espirituales, pero ha llegado hasta el punto de convertirse en su propia ley.

Saúl está desanimado. Busca consuelo en la adivina de Endor, faltando a su propia ley en contra de la brujería. Al hacerlo, se entera que moriría al día siguiente. Así que Saúl y Jonatán van a la batalla. ¡Y *pum*! Todo termina.

Otro hombre comienza su vida en circunstancias privilegiadas. Es el hijo de un sacerdote, lo que significa suficiente dinero, la mejor educación, el respeto de la gente y un empleo futuro garantizado. Añade a esto el hecho que es hijo único, nacido de Elisabet y Zacarías cuando pasaban la edad de la maternidad. Juan es especial. Sus padres lo amaban y sus compañeros lo honraban.

Para comenzar, ese es un globo bastante lleno. Aun así, observa cómo se desinfla.

En vez de seguir los pasos de su padre y ocupar su lugar de servicio en el templo, Juan responde al llamado de Dios y se va al desierto. S-s-s. Viste un traje de pelo de camello y come langostas y miel silvestre. S-s-s.

Juan tiene algo para estar orgulloso: es el escogido por Dios. Es el profeta que prepara el camino para el Mesías. Por un tiempo es muy popular: «Toda la gente de la región de Judea y de la ciudad de Jerusalén acudía a él» (Marcos 1:5). ¿Sopla?

En lo absoluto. «Después de mí viene uno más poderoso que yo; ni siquiera merezco agacharme para desatar la correa de sus sandalias» (v. 7). S-s-s. Este globo sigue desinflándose cada vez más.

¿Cuál es la diferencia entre estos dos hombres?

La mirada en el blanco

Según Tito 1:7, un cristiano maduro no es «arrogante». La palabra griega *authades* describe a alguien que «con arrogancia se muestra indiferente ante los intereses de los demás con el fin de complacerse a sí mismo»[1], «uno que, dominado por el propio interés, y sin consideración alguna hacia los demás, afirma arrogantemente su propia voluntad»[2].

La palabra también se traduce como «arrogante» y se usa para describir a los falsos maestros: «los que siguen los corrompidos deseos de la naturaleza humana y desprecian la autoridad del Señor» (2 Pedro 2:10)

El Antiguo Testamento nos ofrece un claro panorama de la respuesta de Dios a la arrogancia. «Quien teme al SEÑOR aborrece lo malo; yo aborrezco el orgullo y la arrogancia, la mala conducta y el lenguaje perverso» (Proverbios 8:13). «No hay lugar en tu presencia para los altivos» (Salmo 5:5).

El orgullo y el egoísmo son la raíz de todo el pecado que hay en nuestra vida. Los hijos nacen con estas fuerzas de empuje en su carácter. La meta de Dios para la madurez cristiana es justo lo opuesto: una actitud de humildad y acciones de sacrificio personal. También debería ser nuestra meta.

Actitudes

«Yo soy bueno»

El orgullo es un asunto escurridizo con el cual lidiar, sobre todo en la actualidad cuando la autoestima reina suprema. A los niños les «permiten» y «facultan» al punto de «entronizarlos». La sociedad les dice a nuestros hijos que son hermosos y buenos. Deben amarse. Respetarse a sí mismos. Seguir a su corazón.

Sin embargo, cuando decidimos apagar el canal de la cultura popular y sintonizar la revelación de la Palabra de Dios, el mensaje es extrañamente diferente y equilibrado de una manera hermosa.

Pablo encabeza su descripción de los miembros del cuerpo de Cristo con las palabras: «Nadie tenga un concepto de sí más alto que el que debe tener, sino más bien piense de sí mismo con moderación, según la medida de fe que Dios le haya dado» (Romanos 12:3). Luego procede a eliminar toda causa para los complejos de superioridad o inferioridad al mostrar que todos tienen valor ante Cristo y ante los demás creyentes. De manera única, Dios nos dotó a cada uno de nosotros.

Parte de una evaluación equilibrada de mi valor personal es reconocer y aceptar mis debilidades. La otra parte es apreciar y desarrollar los dones que Dios me ha dado. Si mi hija no tiene talento para la música, los deportes, el arte o los estudios, no hay problema, así la creó Dios. Es muy importante que no pretenda ser lo que no es y a la misma vez que logre identificar los talentos especiales que sí posee a fin de que Dios los pueda usar.

Ser bueno no es un problema. Saúl era bueno en algunas cosas. Juan el Bautista también lo era. Saúl usó sus logros para la promoción personal. Juan usó los suyos para promover a Jesús y servir a los demás.

«*Yo soy mejor que tú*»

Saúl disfrutó sus victorias y las usó para nutrir su ego. Se distinguió por encima de otros hombres en su apariencia física, rango y éxito... hasta que llegó David. Cuando en las calles las jovencitas comenzaron a cantar «Saúl mató a sus miles; pero David, a sus diez miles», Saúl se enfureció. ¿Por qué? Su ego exigía que le percibieran mejor que los demás.

Juan no tenía problema alguno con que alguien intentase usurpar su lugar y robarle la atención del público. No lo necesitaba. No lo deseaba. Con anterioridad decidió colocar a los demás en primer lugar.

Así la Biblia describe la humildad. En Filipenses 2:1-11, donde leemos el hermoso himno sobre la humildad y el señorío de Cristo, Pablo anima a los creyentes a ser humildes en actitud y en acción. «No hagan nada por egoísmo o vanidad; más bien, con humildad consideren a los demás como superiores a ustedes mismos. Cada uno debe velar no solo por sus propios intereses sino también por los intereses de los demás» (vv. 3-4).

«*Yo soy mejor que Dios*»

Cuando estoy completo en mí mismo, no necesito a Dios. Me convierto en mi propio dios. Y eso es algo intolerable. «Yo soy el SEÑOR, y no hay otro», escribe el profeta Isaías sobre Dios (45:5).

El niño voluntarioso

- Habla, pero no escucha
- Interrumpe las conversaciones de los adultos
- Pregunta: «¿Qué gano yo?»
- Critica en público a sus padres
- Es mandón
- Se jacta de méritos y logros personales
- Contesta con frescura
- Es abiertamente desafiante
- Usa la burla y el sarcasmo
- Necesita probar que tiene la razón
- Se enoja cuando lo obligan a obedecer
- Es caprichoso
- Es exigente
- Muestra un sentido de privilegio

Ana, la madre de Samuel, oró: «Nadie es santo como el SEÑOR; no hay roca como nuestro Dios. ¡No hay nadie como él! Dejen de hablar con tanto orgullo y altivez» (1 Samuel 2:2-3).

Nabucodonosor fue un antiguo rey que exageró en esta actitud. Aun después que Dios le revelara su sueño por medio de Daniel, y después que proclamara que el Dios de Daniel era único y poderoso, el rey cometió una atroz blasfemia.

Nabucodonosor hizo una estatua, un ídolo, nada más y nada menos que de *sí mismo*, y ordenó que todos se postraran ante él. Poco después, afirmó que había hecho a Babilonia por sus propias fuerzas y para su gloria. Era orgulloso. Arrogante. Autosuficiente.

Como resultado, llegó a ser como una vaca. Vivió a la intemperie por siete años, comiendo hierba y mojándose. «El pelo y las uñas le crecieron como plumas y garras de águila» (Daniel 4:33). Al final estuvo dispuesto a admitir una sencilla y transformadora verdad: Dios es Dios.

Acciones

«Yo establezco mis reglas»

El primer paso en la caída de Saúl fue un pequeño retoque de las leyes. Samuel le dijo que esperara. Saúl siguió adelante y ofreció el sacrificio. Parece casi espiritual.

Sin embargo, Dios no lo vio de esa manera. Le dijo a Saúl que si no era obediencia completa, era desobediencia. Se rechazaría a Saúl como rey.

Cuando cambio las reglas, incluso un poco, me coloco en una posición de mayor importancia que la autoridad que requiere mi obediencia. Los hijos aprenden enseguida cómo manipular la dinámica familiar con tal de hacer las cosas a su manera.

La ejercitación de los hijos en la obediencia y sujeción no significa subordinación a ciegas. Lo que quiere decir es que hay ciertos asuntos que no son negociables y que los padres tienen la responsabilidad, delegada por Dios, de implementar dichas reglas.

A medida que los hijos aprenden a someterse a expectativas claras, la vida alrededor del hogar es mucho más pacífica. Ellos también estarán mejor preparados para seguir horarios y ajustarse a reglas en la escuela, en el trabajo y en otras situaciones estructuradas.

El niño que es dominante traspasará los límites a las claras o tratará de cambiar las reglas del juego a fin de tener la última palabra.

Cuando se trata de la limpieza de los cuartos de los chicos, hemos sobrevivido casi cualquier escenario concebible. Aquí tienes algunas posibles respuestas a «Juanito, quiero que vayas a limpiar tu cuarto, por favor».

- «Claro que sí, mamá». Juanito desaparece, pero no limpia su cuarto.

- Juanito pasa por alto a su mamá.
- «Ah, ¿tengo que hacerlo? Ya lo hice el mes pasado... En realidad, no está sucio... Otros muchachos nunca tienen que limpiar sus cuartos».
- «Ya lo hice». No lo hizo.
- «¿Cuánto me vas a pagar?»
- «Hagamos un trato. Yo limpio mi cuarto si esta tarde alquilas un vídeo».
- «¿Bromeas? Está demasiado sucio. Solo recogeré la ropa del piso».
- «No puedo. Tengo tarea».
- «Solo cerraré la puerta».

Juanito tiene un problema aquí y su mamá también. Si se ha establecido con antelación que Juanito debe limpiar su cuarto los sábados por la mañana, ya sabría que debe hacerlo antes de salir a jugar con sus amigos, usar la computadora o cualquier otra cosa. También puede significar la pérdida de algún privilegio (por ejemplo, la mesada o tiempo de televisión) si trata salir de casa sin hacerlo. La ventaja de este sistema es que mamá no tiene que repetir la petición cada vez.

Si en tu hogar la limpieza de los cuartos se realiza a troche-moche, aun así Juanito debe entender que se espera que haga lo que se le pide, cuando se le pide. Si establecemos un precedente de discutir y tener que defender nuestras peticiones, los hijos ganarán y se pierde la autoridad de los padres.

Aprender a obedecer sin reservas ayudará a nuestros hijos a cumplir con los absolutos morales de Dios, a quien cada uno tendrá que rendir cuentas.

«Yo no controlo mis estados de ánimo»

Saúl tenía un problema con la depresión. Y los celos. Y la ira.

Todas estas emociones y muchas más son parte de nuestro repertorio como seres humanos. Hay que reconocerlas, evaluarlas y expresarlas como es debido. Quizá no decidamos qué tren pasa por nuestra estación emocional, pero sin duda podemos decidir si lo abordamos o no. Mediante el poder del Espíritu Santo tenemos la habilidad de controlar nuestros impulsos emocionales.

Puede que un niño de cinco años de edad hable muchísimo y muy rápido cuando se sienta emocionado; una adolescente decide que solo por sentirse infeliz una mañana, quiere que el resto del mundo se sienta igual; un alumno de la secundaria rompe su lápiz y maldice cada vez que se siente frustrado. Quizá estas reacciones sean naturales, pero son egoístas.

Permitir que la expresión personal corra sin control en un niño, sin considerar los sentimientos y las necesidades de otros, conducirá a un adulto dominante y sin control.

«*Yo trato de controlar a los demás*»

Puede que intentemos controlar a otros de varias formas: en lo individual y en un contexto de grupo. Algunas de las técnicas populares son: buscar la atención, manipulación, dar órdenes y agresión.

BUSCAR LA ATENCIÓN

¿Conoces a alguien que cuando entra a una habitación exige toda la atención? No es un gran logro parecer importante. Sí lo es hacer que los demás se sientan importantes.

Un pastor amigo mío creció como hijo de misioneros en la China. De diez hijos, siete sobrevivieron las condiciones primitivas. Él sobrevivió internamiento en un campamento japonés.

Sin duda, tenía muchas historias que contar mientras visitaba su primera iglesia en Norteamérica. Sin embargo, cuando le describía sus encuentros a su padre, este siempre le preguntaba lo mismo: «¿Llegaste a conocer a la familia o les contaste tus historias sobre tu crianza en China?».

Desde muy temprano, George aprendió que no importa cuán poco común fuera su vida, si quería ministrar a otras personas, sus historias tendrían que ser más importantes que las suyas.

Pablo escribe: «Consideren a los demás como superiores a ustedes mismos» (Filipenses 2:3).

Juan el Bautista dijo: «Después de mí viene uno más poderoso que yo; ni siquiera merezco agacharme para desatar la correa de sus sandalias» (Marcos 1:7). De acuerdo, habla de Jesús, ¿pero te imaginas cuánto se transformarían nuestras relaciones y familias si nos tratáramos así los unos a los otros?

Manipulación

La manipulación es «la influencia por medios artificiales». A menudo los adultos hacen mal uso del dinero, los halagos y las relaciones sexuales en un intento de salirse con la suya.

Desde pequeños, los niños aprenden cuáles son los botones que deben apretar a fin de influir en sus padres, abuelos y maestros. Uno de los comportamientos más molestos de los niños pequeños son las quejas. Si cedemos solo porque queremos que las quejas cesen a corto plazo, reforzamos el comportamiento a largo plazo. Los chicos también podrían suplicar, adular o decidir ser tan dulces como la miel. Algunos intentan usar el método de la culpa: «Vamos, mamá, trabajarás hasta tarde esta semana y un nuevo juego de computadora me daría algo que hacer». Si no queremos que nuestros hijos caigan en un patrón que más tarde los lleve a practicar formas de manipulación más serias, debemos tener cuidado de no responder a estos intentos de influencia.

Dar órdenes

Saúl tenía un gran potencial de liderazgo. Es más, Dios lo escogió por medio de Samuel para ser el primer rey de Israel. Sin embargo, cuando el líder se interesó más en su poder y popularidad que en el bienestar del pueblo, perdió su derecho de liderar.

Algunos niños son líderes naturales. Les gusta tomar iniciativa, orquestar y evaluar. Este es un don de Dios que si se canaliza como es debido, llegará a ser algo precioso. Aquí tienes algunas cosas a tener en cuenta.

Los líderes siguen. Josué tuvo que ser siervo de Moisés antes de ser un siervo de Dios y líder del pueblo. Un verdadero líder debe aprender antes a someterse a la autoridad. Aun en una posición como dirigente, el líder acepta con gusto los consejos y la crítica constructiva.

Los líderes unen. Si un niño se ha pasado de la raya de liderazgo a mandón, habrá un motín en las filas. Cuando las discusiones y las peleas estallan a menudo, casi siempre alguien está abusando de su poder.

Los líderes procuran el bien común. El verdadero liderazgo significa unir las tropas alrededor de una meta común que beneficie a todos los involucrados. En el mejor de los casos, el líder dirigirá la energía del grupo hacia una causa mayor.

Los líderes dan el ejemplo. La persona en autoridad que Dios bendice es un modelo de virtud y humildad. Juan el Bautista no buscaba poder ni popularidad. Sí las adquirió en un momento dado, pero las usó para guiar las personas a Jesús.

Agresión

Saúl se enfureció cuando se enteró que David tenía más éxito que él y por consiguiente más popular. Su respuesta fue una obsesión por perseguir y matar a David. La persona dominante en medio nuestro quizá no sea un asesino en serie. Puede que, sin embargo, sea un difamador en serie. Muchas veces la arrogancia se ve asociada con pecados destructores tales como la difamación y el chisme. Pablo describe en estos términos a los que Dios ha entregado a su propia depravación: «Son chismosos, calumniadores, enemigos de Dios, insolentes, soberbios y arrogantes» (Romanos 1:29-30).

Un niño que de manera habitual critica u ofende a los demás, a sus espaldas o de frente, es dominante.

Es irónico que este tipo de comportamiento a menudos se encuentra enraizado en la inseguridad. Si tu hijo critica demasiado, comienza por examinar su sentido de autoestima. ¿Cómo se siente por su apariencia? ¿Se adapta socialmente? ¿Ha tenido la oportunidad de sentirse orgulloso de sus éxitos? ¿Sabe que su familia lo ama de manera incondicional?

Puede que un niño perciba el diálogo y el comportamiento abusivo como la única manera de establecer un sentido de sí mismo y vengarse de quienes lo hieren. Esto tendrá sus repercusiones negativas. Saúl terminó su vida solo y desesperado. Sus amigos lo dejaron. Dios lo dejó.

«Yo tomo lo que quiero»

Un individuo voluntarioso primero arrebata y después piensa. Motivado por sus necesidades personales, concentra sus energías en su propia gratificación. Saúl deseaba posición y popularidad. Deseaba la victoria en la batalla. Quería quedarse con todo el ganado y el oro cuando Israel conquistó a los amalecitas.

El factor motivador detrás de las acciones de un verdadero discípulo de Jesús es el sacrificio personal y el servicio. Esto no es «Yo tomo lo que quiero», sino, «Yo doy lo que tengo». La Biblia dice:

- «Traten ustedes a los demás tal y como quieren que ellos los traten a ustedes» (Mateo 7:12).
- «No se valgan de esa libertad para dar rienda suelta a sus pasiones. Más bien sírvanse unos a otros con amor» (Gálatas 5:13).
- «El que quiera hacerse grande entre ustedes deberá ser su servidor» (Mateo 20:26).

Listos, apunten...

La persona arrogante, insoportable y egocéntrica es un desastre en potencia en la iglesia local y en la familia. Dios tiene un mejor plan.

«Revístanse todos de humildad en su trato mutuo, porque "Dios se opone a los orgullosos, pero da gracia a los humildes". Humíllense, pues, bajo la poderosa mano de Dios, para que él los exalte a su debido tiempo» (1 Pedro 5:5-6).

Juan el Bautista permaneció humilde porque su enfoque era firme. Nosotros haríamos bien en procurar esta misma meta en nuestra vida individual y familiar: «A él [Jesús] le toca crecer, y a mí menguar» (Juan 3:30).

Preguntas para reflexión y discusión adicional

1. ¿Cuál es tu definición de dominante y voluntarioso?
2. ¿Tienen tú o tus hijos algún problema con las siguientes creencias?
    - «Yo soy bueno»
    - «Yo soy mejor que tú»
    - «Yo soy mejor que Dios»
3. ¿Se manifiestan estas actitudes en algunos de los siguientes comportamientos?
    - «Yo establezco mis reglas»
    - «Yo no controlo mis estados de ánimo»
    - «Yo trato de controlar a los demás»
      Buscar la atención
      Manipulación
      Dar órdenes
      Agresión
    - «Yo tomo lo que quiero»
4. ¿Qué puedes hacer para infundir una actitud de humildad? ¿Para enseñar el servicio?
5. La arrogancia egoísta puede conducir a la rebelión en contra de Dios o a un sentido de superioridad moral. ¿A qué se debe?

No es adicto al vino

[El obispo] no debe ser borracho.
1 Timoteo 3:3

No se emborrachen con vino, que lleva al desenfreno.
Efesios 5:18

Cada uno es esclavo de aquello que
lo ha dominado.
2 Pedro 2:19

Cuando a los diecisiete años de edad Trudy llegó hasta el punto de querer matar a su novio o terminar con su propia vida, se dio cuenta que el alcohol y las drogas no harían desaparecer el dolor. Es más, el abuso de sustancias había contribuido al enredo en que estaba.

Aun cuando su familia siempre participaba en actividades religiosas con regularidad, la vida de hogar se caracterizaba por el abuso sexual, la violencia y la hipocresía.

Cuando a los quince años Trudy se fue de su casa, se sintió como una fracasada... fea, estúpida e indeseada. Necesitaba amor y durante algún tiempo pensó que lo había encontrado.

Estableció una conexión con otros adolescentes rebeldes de antecedentes religiosos similares. La hacían sentir atractiva, ofreciéndole aceptación... y alcohol. Las drogas y en especial las bebidas alcohólicas fuertes llegaron a convertirse en un rápido escape de la realidad. La pandilla suplía la necesidad que tenía de un sentido de pertenencia.

Dos años más tarde, después de violada, engañada y usada, se sintió más como una basura que como una persona. Trudy clamó a Dios. Él le respondió mediante su perdón y liberación. Al considerar su pasado y su período de adicción, dice: «Ya no soy esa persona».

La mirada en el blanco

Pablo escribe que el líder calificado de la iglesia no es «dado al vino» (RV-60). La palabra griega *paroinos* usada en este versículo significa alguien que permanece al lado del vino, demasiado cerca por mucho tiempo. Sin duda, no queremos que nuestros hijos anden por el camino del abuso del alcohol. Existen, no obstante, otras formas de adicción que necesitamos considerar a fin de aplicar los mismos principios. Exploraremos los factores que contribuyen a permanecer demasiado cerca por mucho tiempo, de modo que logremos intentar criar hijos que no los dominen los hábitos destructivos.

El vino: Un espiritoso debate

¿Es mala la cerveza? ¿Es el vino maligno? ¿Es esa la idea?

Dios podía con facilidad sentar reglas en blanco y negro para que siguiéramos de forma legalista y convertirnos en arrogantes e hipócritas fariseos. Algunas iglesias tratan de dirigir a sus miembros a través de una larga lista de «reglas de conducta» hasta que se les agota el poder y se sustituye con actitudes sospechosas y condenatorias.

El consumo de alcohol es uno de esos asuntos que pueden llevar a los cristianos a tratar de ser más espirituales que el mismo Jesús, más firmes respecto a nuestros principios que la Palabra de Dios. Como siempre, la Escritura provee un equilibrio.

Por ejemplo, Salomón dice en Proverbios: «El vino lleva a la insolencia, y la bebida embriagante al escándalo; ¡nadie bajo sus efectos se comporta sabiamente!» (Proverbios 20:1).

Luego el salmista exclama las abundantes bendiciones del poderoso y amoroso Dios en estos términos: «Haces que crezca la hierba para el ganado, y las plantas que la gente cultiva para

Abuso del alcohol y la droga

- 65% de los adolescentes han probado los cigarrillos alrededor del duodécimo grado y 35% fuma en la actualidad.
- 62% de los alumnos de duodécimo grado y 25% de octavo grado se han emborrachado al menos una vez.
- 47,1% de los estudiantes han usado mariguana.
- 8,2% de los estudiantes han usado la cocaína en alguna forma.
- 17% de los estudiantes han usado otras drogas ilegales durante su vida.
- 16% de los estudiantes en escala nacional han inhalado pegamento, los contenidos de aerosol en latas o pinturas en atomizadores a fin de embriagarse[1].

sacar de la tierra su alimento: el vino que alegra el corazón, el aceite que hace brillar el rostro, y el pan que sustenta la vida» (Salmo 104:14-15).

Pablo le recuerda a Timoteo que el líder de la iglesia «no debe ser borracho» (1 Timoteo 3:3), mientras que a la vez anima al joven pastor con las siguientes palabras: «No sigas bebiendo solo agua; toma también un poco de vino a causa de tu mal de estómago y tus frecuentes enfermedades» (5:23).

Muchos cristianos abogan por la abstención del alcohol. Aunque loable, que ese no es la idea de la recomendación de Pablo a Tito y Timoteo, no es la enseñanza directa de la Escritura. Es importante entender el principio fundamental detrás del texto bíblico.

Una meta más elevada que la abstinencia es el desarrollo de nuestros mecanismos de control propio a fin de someter dichas capacidades al poder santificador del Espíritu Santo. No podemos ser esclavos de Cristo si estamos atados a algo o alguien más.

¿Cuándo el abuso se convierte en adicción?

- Pérdida de control o la capacidad de elección (comportamiento que procura la droga)
- Síntomas de expurgación entre cada episodio de uso
- Robar para conseguir dinero y obtener sustancias
- Descenso de las calificaciones
- Cambio de amistades, y los nuevos amigos son muy diferentes a los antiguos
- Comportamiento sigiloso (susurros en el teléfono, cerrar la puerta del cuarto y tomar demasiado tiempo para contestar)
- Dificultar las relaciones familiares y otras personales
- Accidentes
- Ocultar el uso; mentir y cubrir los hechos; sentido de culpa
- Sentir que el adolescente hará «cualquier cosa» con tal de endrogarse otra vez (indiferencia por las consecuencias)[2].

Mucho vino: Borrachera

La Biblia es clara: «No se emborrachen con vino, que lleva al desenfreno» (Efesios 5:18).

El alcohol no controla a una persona, sino que le hace perder su capacidad de control personal. Los músculos se relajan, lo cual puede conducir a los tropezones, a hablar poco claro y al bloqueo de las buenas destrezas motoras. Las reacciones son lentas, aplacando los reflejos y embotando los procesos de respuesta mental. Las inhibiciones disminuyen abriendo el camino al comportamiento inapropiado o las palabras indebidas (a menudo de naturaleza agresiva o sexualmente inmoral).

La Escritura habla muy pocas veces de la borrachera en términos aislados. Es más, Pedro habla de hundirnos «en ese mismo desbordamiento de inmoralidad» (1 Pedro 4:4) como hacen los paganos, «entregados al desenfreno, a las pasiones, a las borracheras, a las orgías, a las parrandas y a las idolatrías abominables» (4:3).

Pablo advierte lo siguiente en 1 Corintios 6: «¿No saben que los malvados no heredarán el reino de Dios? ¡No se dejen engañar! Ni los fornicarios, ni los idólatras, ni los adúlteros, ni los sodomitas, ni los pervertidos sexuales, ni los ladrones, ni los avaros, ni los borrachos, ni los calumniadores, ni los estafadores heredarán el reino de Dios» (vv. 9-10).

El alcohol derrumba las paredes del control propio y deja que la naturaleza de pecado corra salvaje.

Algunas descripciones bíblicas sobre la borrachera son a la vez gráficas y repulsivas. Salomón escribe:

> [El vino] acaba mordiendo como serpiente
> y envenenando como víbora.
> Tus ojos verán alucinaciones,
> y tu mente imaginará estupideces.
> Te parecerá estar durmiendo en alta mar,
> acostado sobre el mástil mayor.
> Y dirás: «Me han herido, pero no me duele.
> Me han golpeado, pero no lo siento.
> ¿Cuándo despertaré de este sueño
> para ir a buscar otro trago?»
>
> Proverbios 23:32-35

Dado al mucho vino: Adicción

El *Webster's New Encyclopedic Dictionary* describe la adicción como «el estado de dedicarse o someterse uno mismo a algo de forma habitual u obsesiva», y la «necesidad física compulsiva por una droga que resulte en la formación de un hábito». Estos aspectos del problema de la adicción: escoger y necesitar, nos ayudarán a entender las causas.

El consumo de bebidas es una decisión: El tipo de bebida, la cantidad, el contexto y la frecuencia dependen de la persona.

Domar la bestia Internet

Sugerencias para el uso saludable de la computadora:

- Siempre deje la puerta abierta cuando los chicos estén conectados.
- Disuádalos de conversar con extraños.
- Use un filtro familiar para bloquear el acceso a material pornográfico.
- Recuérdeles a sus hijos que también usen libros como fuente de información.
- Limite el uso de la computadora, aun cuando no estén conectados. Los juegos también pueden ser adictivos.
- Bloquee el correo basura sin abrirlo.
- Prohíba todo tipo de juegos de azar por Internet.

Encontramos algunos versículos que nos hablan directo del poder de decisión:

- «No se emborrachen con vino» (Efesios 5:18).
- «No te juntes con los que beben mucho vino» (Proverbios 23:20).
- «Tengan cuidado, no sea que se les endurezca el corazón por el vicio, la embriaguez y las preocupaciones» (Lucas 21:34).

Dios nos ha dado la responsabilidad de usar nuestra voluntad. La decisión adecuada es más fácil de tomar en el principio, cuando no hay presión física ni sicológica que influyan en nuestro comportamiento.

Cuando el poder cambia de la persona hacia la actividad o la sustancia, las prácticas se convierten en rutinas, en hábitos, en adicciones. Esto es esclavitud, ya que «uno es esclavo de aquello que lo ha dominado» (2 Pedro 2:19).

El alcoholismo no se define por la cantidad de alcohol que se consume de una vez, ni siquiera por su frecuencia, sino por quién o qué tiene el control. Los fuertes sentimientos de remordimiento por acciones cuando se está borracho indican el continuo conflicto que crea esto. Si una persona está dispuesta a sacrificar salud, amigos, familia, finanzas y valores personales por la bebida, revocó su poder de decisión.

Aunque las personas atrapadas en esta red necesitan apoyo, terapia y a veces medicamentos para darle marcha atrás a la abrumadora marea, solo cambiarán cuando acepten la responsabilidad y exijan el poder de tomar decisiones.

Otras adicciones

El alcoholismo es una adicción que debe evitarse. ¡Es lamentable que muchos creyentes santurrones eviten la botella mientras permanecen «demasiado cerca por mucho tiempo» al bufé!

Salomón advierte en contra de ambos. «No te juntes con los que beben mucho vino, ni con los que se hartan de carne, pues borrachos y glotones, por su indolencia, acaban harapientos y en la pobreza» (Proverbios 23:20-21).

Otros comportamientos adictivos incluyen las apuestas, la pornografía, el sexo y el trabajo. Noten que estas obsesiones a menudo exageran o abusan de algo que es bueno, o al menos son moralmente neutrales. El asunto, de nuevo, es de dominio.

Predisposición física

Ciertas personas podrían tener una predisposición genética a la adicción de sustancias. Puede que sean por naturaleza personas tensas y ansiosas. Cuando esta tensión se basa en un desequilibrio químico en el sistema, el alcohol puede en realidad servir para elevar los niveles de algún neurotransmisor, lo cual lleva a un sentido de relajamiento. El abuso de sedantes para los mismos propósitos es otra trampa para estos individuos[3].

La depresión, la impulsividad, la agitación y la ira crónica son a veces rasgos del temperamento con base neurológica. El abuso de sustancias quizá provea una cura rápida que le trae alivio. Como Daniel Goleman observa: «Ese, por supuesto, es la oferta barata del diablo para la adicción: un estado de placer a corto plazo a cambio del desvanecimiento continuo de la vida de un ser humano»[4].

Esto explica por qué ciertas personas se «envician» después de un primer trago o experimento con drogas. El sentido de bienestar, aunque temporal, es tangible. Sobre todo para estas personas, la advertencia de las Escrituras es urgente: «No te fijes en lo rojo que es el vino, ni en cómo brilla en la copa, ni en la suavidad con que se desliza; porque acaba mordiendo como serpiente» (Proverbios 23:31-32).

Desarrollo de la dependencia

Ciertas sustancias o actividades crean un elevado nivel de sensibilidad e ímpetu físico y emocional que se convierte en una adicción psicológica, si no física. La pornografía, que estimula en el sistema la emisión de endorfinas y epinefrina, es un ejemplo de esto. El sentido de placer y el sentimiento de un incremento de energías y excitación son una fuerza poderosa hacia la repetida experimentación.

El efecto adictivo de ciertas drogas, incluyendo la nicotina, produce un desequilibrio en el sistema donde antes no existía. Entonces este malestar se puede aliviar a través del uso continuo. La persona que deja de fumar podría sentirse agitada, irritable y nerviosa. Estos problemas no estaban presentes antes de que la nicotina creara una dependencia física.

Necesidades emocionales

Los seres humanos necesitan alimentación y protección del frío para la supervivencia física. También necesitamos sentirnos amados, validados y conectados a fin de desarrollarnos bien en lo emocional. La familia, como la unidad social primaria del bebé, representa un papel esencial al suplir dichas necesidades y enseñar a sus miembros a buscar satisfacción por medios saludables y productivos. Esto no quiere decir que los niños de buenas familias nunca se enredarán en comportamientos destructivos. Lo que significa es que podemos crear un contexto de seguridad emocional y enseñarles a nuestros hijos las estrategias de supervivencia de modo que estén mejor equipados para enfrentar las tentaciones y las trampas que les aguardan.

La debilidad en cualquiera de las siguientes esferas hará que una persona sea más propensa al comportamiento adictivo.

Identidad personal

Un fuerte sentido de individualidad, conociendo las fuerzas de uno y la apreciación del valor personal, fortalecerá la resolución de una persona de abstenerse de actividades que son dañinas en potencia. El otro lado de la moneda: ser consciente de las debilidades e insuficiencias, también elimina el sentimiento de valentía y de insensibilidad que hace que muchos, en especial los adolescentes, sean imprudentes.

El desarrollo de intereses personales y talentos durante la niñez y la adolescencia, aparte de los caprichos de la «pandilla» y las modas del momento, contribuyen a este sentido de individualidad.

El principal factor en sentirse bien con uno mismo es saber que nos aman. Nosotros como padres y la familia extendida de parientes y creyentes podemos inculcar en nuestros hijos este sentido de seguridad estando presente, escuchándolos y participando en sus victorias y contratiempos, aun cuando signifique tener que sacrificar otras demandas que requieran nuestro tiempo y recursos. El tiempo de calidad no se logra sin cantidad de tiempo. Tener altas expectativas morales y establecer límites firmes para el comportamiento también les comunican a los hijos que creemos en ellos. Este tipo de afirmación activa le añade credibilidad al amor personal de Dios, nuestra máxima seguridad. Dios dice por medio de Jeremías: «Con amor eterno te he amado»

(Jeremías 31:3). Jesús reconforta a sus discípulos: «Ustedes son mis amigos» (Juan 15:14).

Sentido de pertenencia

Beber es una actividad social. Los chicos no acuden a la tienda para comprar su primera bebida alcohólica. Pueden beberla en casa, con el consentimiento de sus padres. Muy a menudo beben con sus amigos, sin que lo sepan ni aprueben sus padres.

A medida que los hijos se acercan a la adolescencia, la presión que ejerce el grupo de compañeros es cada vez mayor. Saber escoger buenos amigos es vital. Dirigirlos para que se alejen de los grupos no supervisados es esencial. Custodiar el paradero de nuestros hijos y los valores de las familias de sus amigos es un proceso arduo, pero es lo que nos corresponde hacer.

El sabio fue directo al advertirle a su hijo en Proverbios 23:20: «No te juntes con los que beben mucho vino» (Proverbios 23:20).

Inseguridades sociales

Las personas que son demasiado tímidas o inseguras en lo social pueden ser vulnerables a dos tipos de adicciones diferentes como adolescentes mayores o adultos. Algunos dependen del alcohol para mitigar las inhibiciones y ayudarlos a «relajarse». Las personas que casi siempre son calladas y sin pretensiones pueden sentir la necesidad de beber a fin de desenvolverse en un grupo o en una fiesta.

Otra respuesta al malestar social es aislarse y tratar de hallar comodidad y satisfacción solo. Esto puede que conduzca a un problema de bebida, pero también es terreno fértil para la semilla de la pornografía.

Podemos invertir en la prevención ayudando a nuestros hijos a construir una red de amigos y contactos sociales de todas las edades. Las actividades de la iglesia o las reuniones sociales familiares son una buena oportunidad para asociarse con otras personas y establecer vínculos amistosos. A los hijos que no se sienten «parte del grupo» se les debe estimular a fin de que identifiquen a alguna otra persona que esté sola y trate de conectarse con ella. Los niños que se sienten más cómodos con los adultos o con chicos menores que el resto de sus amigos, deben aprovechar la oportunidad para desarrollar dichas relaciones. Los clubes y las actividades comunitarias enfocadas en un interés común son otra forma de ayudar a los chicos introvertidos para que conozcan a otras personas. Cuando nuestros hijos se sienten libres para invitar personas a casa, tenemos la ventaja de llegar a conocer a sus amigos, supervisar sus actividades y observarlos relacionarse con los demás. Vale la pena el costo de los helados y la pizza.

Como siempre, les corresponde a los padres modelar las destrezas sociales al mantener y nutrir nuestras propias relaciones amistosas. Pedro enfatiza la importancia de las relaciones de esta manera: «En fin, vivan en armonía los unos con los otros; compartan penas y alegrías, practiquen el amor fraternal, sean compasivos y humildes» (1 Pedro 3:8).

Manejo del estrés

La vida se mueve a un paso frenético. Jesús reconoce que estamos estresados, que estamos atemorizados, que estamos cansados. No responde con una tonta pegatina de «No te preocupes, sé feliz». Tampoco nos da una cerveza y nos canturrea: «Relájate».

Nos dice: «¿Estás cansado? ¿Estas agotado? ¿Te sientes abrumado por toda la religiosidad? Ven a mí. Anda conmigo y recuperarás tu vida. Te mostraré cómo tomar un verdadero descanso. Anda conmigo y trabaja conmigo, observa cómo lo hago yo. Aprende a conocer los ritmos no forzados de la gracia. No te pondré nada pesado ni malsano. Sigue conmigo y aprenderás a vivir con libertad y sin cargas» (Mateo 11:28-29, traducción de la versión en inglés *The Message*).

A la larga, nuestro descanso y seguridad están en Cristo.

Dios también nos dota con una buena medida de sentido común.

Como padres, necesitamos seguir de cerca los hábitos alimenticios y de descanso de nuestros hijos, así como su nivel de tareas escolares y actividades extracurriculares. La vida tiene suficientes problemas sin que nosotros creemos tensiones y estrés adicional con horarios recargados y rutinas pocos saludables.

A fin de lidiar con el estrés necesitamos encontrar el adecuado equilibrio entre el trabajo y el recreo, proteger nuestros límites personales y aprender a encontrar consuelo en Cristo, en su Palabra y en su iglesia.

Independencia

«Cuando yo era niño, hablaba como niño, pensaba como niño, razonaba como niño; cuando llegué a ser adulto, dejé atrás las cosas de niño» (1 Corintios 13:11).

Muchos adolescentes experimentan con el alcohol y las drogas como una declaración de su independencia de los valores y la autoridad de sus padres. Este grupo es sobre todo vulnerable al comportamiento imprudente; los que pronto serán adultos interpretan su sentimiento de autonomía como una señal de que son invencibles, casi inmortales.

Si criamos como es debido a nuestros hijos cuando son pequeños, llevándolos a la sujeción y vigilando de cerca su comportamiento, podemos aflojar las riendas a medida que van creciendo. Aun así, es posible que hagan cosas estúpidas (¿no lo hicimos nosotros?), pero su crecimiento hacia la independencia se estimulará al soltar el control mientras seguimos dirigiéndolos y aconsejándolos.

Poder

El móvil hacia la independencia se reduce más tarde a una necesidad de poder, lo que a menudo resulta en una obsesión poco saludable con el dinero (un empleo o adicción al juego) o sexo (adicción a la pornografía u otra actividad sexual ilícita).

El verdadero poder del cristiano reside en la humildad, la mansedumbre y la gentileza. Estas virtudes caracterizan a Cristo. Pablo descubrió que el verdadero poder se encuentra en la total dependencia de Dios. «Pero [el Señor] me dijo: "Te basta con mi gracia, pues mi poder se perfecciona en la debilidad". Por lo tanto, gustosamente haré más bien alarde de mis debilidades, para que permanezca sobre mí el poder de Cristo» (2 Corintios 12:9).

Falta algo

Como cristianos también aprendemos a vivir con el hecho de que en esta tierra nunca encontraremos el sentido de perfecto bienestar. Nos crearon para vivir en otro mundo y algún día lo haremos. Mientras más pronto reconozcamos que la felicidad total es difícil de encontrar, más fácil nos será contentarnos a pesar de las incomodidades de nuestra vida.

Listos, apunten...

En la actualidad, Trudy y su esposo se esfuerzan por criar cinco hijos en un contexto de aceptación y seguridad. Trudy dice que cada hijo necesita una dosis diferente de tiempo y afecto para suplir las necesidades de seguridad y deseo de pertenencia. Logra establecer su confiabilidad al estar dispuesta a pedir perdón y dejarles ver que también ella está creciendo.

Nosotros no podemos eliminar las necesidades que hay en el corazón de nuestros hijos. Así los creó Dios. Nosotros debemos hacer cualquier esfuerzo por amarlos y guiarlos hacia Aquel que a la larga satisfará esa sed.

El dinero, las fotografías sucias, la comida y la bebida son un insignificante sustituto para el Agua Viva.

Preguntas para reflexión y discusión adicional

1. ¿Cómo les va a ti y a tus hijos en las siguientes esferas?
    - Sentido de pertenencia
    - Sabia elección de amigos
    - Conexión social

  - Manejo del estrés
  - Crecimiento en independencia
  - Poder

2. ¿Qué puedes hacer para trabajar en cualquiera de esas esferas que quizá estén débiles?
3. ¿Tiene alguno de tu familia extendida algún problema con el abuso de sustancias o con el comportamiento obsesivo?
4. ¿Conoces suficiente sobre las drogas, el alcohol y el tabaco para educar a tus hijos, presentando los hechos y los valores de tu familia?

No es amigo del dinero

El obispo debe ser intachable [...] no debe ser [...] amigo del dinero [...] Los diáconos, igualmente, deben ser honorables [...] no [...] codiciosos de las ganancias mal habidas.
1 Timoteo 3:2-3, 8

Porque el amor al dinero es la raíz de toda clase de males.
1 Timoteo 6:10

El que robaba, que no robe más, sino que trabaje.
Efesios 4:28

Después de vagar por cuarenta años, Dios al fin le dio a Israel la orden de entrar a la Tierra Prometida. La primera parada en el camino sería Jericó, la ciudad fortificada que los cansados viajeros conquistarían caminando y tocando sus trompetas.

Sabemos que los israelitas no eran pobres cuando salieron de Egipto, pues llevaban oro, ropas finas y hermosas joyas para contribuir a la fabricación del tabernáculo en el desierto. Tenían suficiente oro para construir un becerro de oro. Uno supone que algunos de los regalos de último minuto que recibieron de los egipcios al marcharse eran sin duda muy preciosos.

Eso había sucedido hacía mucho tiempo. El tabernáculo ya estaba construido.

Todos los días se alimentaban por milagrosas aves y panecillos. Sus calzados no se gastaban. En el desierto no existían las tiendas de la esquina. En realidad, no había esquinas.

Me asombra que esas personas, sin las tiendas Wal-Mart y sin Wall Street, codiciaran el dinero. Los que nacieron en el desierto no sabían de lujos. Sin embargo, al mismo tiempo la historia de la liberación de Egipto se pasaba de una generación a otra, así que de algún modo pasó también el anhelo por la riqueza material. Dios tuvo que enseñarles canciones y darles fiestas ceremoniales como un continuo recordatorio de su milagroso poder y presencia, pero el recuerdo del vino y las comodidades de Egipto tenían vida propia en el corazón de cada israelita.

Después que llegaron a Jericó, caminaron siete días alrededor de la ciudad. Hicieron sonar sus trompetas. Cayeron los muros y entró el ejército. Se destruyeron los edificios y los bienes materiales de Jericó, excepto el oro, la plata y el bronce que se separaron para el templo de Dios.

Esta increíble victoria fue sin lugar a dudas obra de Dios. Aunque de alguna manera, el pueblo comenzó a envanecerse. Otro conflicto ocurrió cerca de la ciudad de Hai, así que enviaron unos pocos hombres para resolver lo que parecía una pelea insignificante, y los derrotaron. Algo habían perdido en el intervalo entre Jericó y Hai. ¿Dónde estaba Dios?

«Si no destruyen ese botín que está en medio de ustedes, yo no seguiré a su lado» (Josué 7:12).

Se castigaba a toda la nación por el pecado de una persona, alguien que robó y mintió.

Cuando descubrieron a Acán, él admitió su culpa. «Es cierto que he pecado [...] Vi en el botín un hermoso manto de Babilonia, doscientas monedas de plata y una barra de oro de medio kilo. Me deslumbraron y me apropié de ellos. Entonces los escondí en un hoyo que cavé en medio de mi carpa. La plata está también allí, debajo de todo» (Josué 7:20-21).

Me dan ganas de sacudir a Acán y preguntarle: «¿Para qué?». No solo: «¿Sabes que pecaste y que heriste a Dios, a todas estas personas, a tu madre y a tu maestra de Escuela Dominical y que no fue bueno lo que hiciste?». No tan solo fue desagradable, sino poco inteligente. ¿Qué beneficio tiene el oro si tienes que enterrarlo debajo de tu carpa? ¿Qué beneficio tiene un manto babilónico que nunca podrás usar?

¿Por qué cambiar la bendición de Dios por la maldición de un dinero que aparte de ser pesado, no se puede usar ni asegurar?

¿Por qué Acán fue tan tonto?

¿Por qué lo somos nosotros?

La mirada en el blanco

Pablo dice que un siervo de la iglesia no debe ser *afilarguros*, un «amigo del dinero» (1 Timoteo 3:3).

Después en la misma carta, Pablo explica el porqué. «Porque el amor al dinero es la raíz de toda clase de males. Por codiciarlo, algunos se han desviado de la fe y se han causado muchísimos sinsabores» (1 Timoteo 6:10).

Jesús dijo que si amamos el dinero, no podemos servir a Dios. «Ningún sirviente puede servir a dos patrones. Menospreciará a uno y amará al otro, o querrá mucho a uno y despreciará al otro. Ustedes no pueden servir a la vez a Dios y a las riquezas» (Lucas 16:13).

Otra expresión que se usa en Timoteo y en Tito para aclarar el asunto del dinero nos dice que los obispos y diáconos no deben ser «codiciosos de las ganancias mal habidas» (1 Timoteo 3:8; Tito 1:7). En la versión Reina-Valera Antigua dice: «no amadores de torpes ganancias». La palabra «denota codicioso de ganancias deshonestas»[1].

A los líderes se les advierte en contra de esta motivación en 1 Pedro 5:2, donde Pedro escribe que los pastores no deben cuidar «por ambición de dinero, sino con afán de servir».

Esta conversación sobre «ganancias deshonestas» elimina cualquier ilusión de que el amor al dinero puede ser una limpia apreciación de la liberalidad divina. El sabio escribió: «Quien ama el dinero, de dinero no se sacia» (Eclesiastés 5:10). El amor al dinero conduce a la búsqueda codiciosa por más, comprometiendo así los principios de amor e integridad de alimentar al necesitado.

Seguridad y contentamiento

La Biblia dice que la presencia de Dios en nuestras vidas es suficiente razón para evitar el amor al dinero. «Manténganse libres del amor al dinero, y conténtense con lo que tienen, porque Dios ha dicho: "Nunca te dejaré; jamás te abandonaré"» (Hebreos 13:5).

En el Sermón del Monte, Jesús dijo que no nos preocupemos por dónde conseguiremos nuestra comida y ropas. Dios mismo cuidará de nosotros, así como cuida de los lirios del campo y las aves del cielo.

Pablo dijo: «Dios les proveerá de todo lo que necesiten, conforme a las gloriosas riquezas que tiene en Cristo Jesús» (Filipenses 4:19).

Esta no es una garantía de salud, riquezas y prosperidad. Dios promete suplir nuestras necesidades más profundas junto con nuestras necesidades materiales, si es que trabajamos para una causa más elevada. Nosotros, como el apóstol Pablo, podemos aprender a contentarnos en la riqueza y en la pobreza, debido a que nuestro sentido de seguridad y paz interior viene de Dios, no del dinero.

Sencillez

Compra esto. Posee aquello. Pide, toma prestado o roba. Codicia. ¡Solo esfuérzate por obtener lo que deseas! Los gritos de nuestra sociedad materialista son ensordecedores. Nuestros hijos, aun antes de tener sentido alguno sobre el valor del dinero, conocen cuál juguete está de moda, cuál es la marca del momento y qué personaje deben tener sus cajitas de almuerzo. Si la obsesión no es con el dinero como tal, es con cada aparato y artículo que hay en el mercado.

Cuando damos un paso hacia atrás, entendemos por qué un hombre tan rico como Salomón preguntó: «Donde abundan los bienes, sobra quien se los gaste; ¿y qué saca de esto su dueño, aparte de contemplarlos?» (Eclesiastés 5:11).

Datos sobre el hambre y la pobreza internacional

- Más de ochocientos cuarenta millones de personas en el mundo están desnutridas.
- Seis millones de niños menores de cinco años de edad mueren cada año como resultado del hambre.
- De los seis mil millones doscientos mil habitantes del mundo actual, mil millones doscientos mil viven con menos de un dólar diario.
- Todos los días en el mundo subdesarrollado, más de treinta mil niños mueren en su mayoría por causas evitables y tratables tales como diarrea, infecciones respiratorias severas, sarampión o malaria.
- Cuarenta millones de personas viven con sida, noventa por ciento de estas en países subdesarrollados y setenta y cinco por ciento en el África subsahariana: dos millones novecientos mil menores de catorce años de edad.
- Más de ciento trece millones de niños en el mundo subdesarrollado no tienen acceso a una educación básica; sesenta por ciento de estos son niñas[2].

El sabio de Proverbios buscó el equilibrio cuando oró: «No me des pobreza ni riquezas sino solo el pan de cada día» (Proverbios 30:8).

Si tenemos un techo y tres comidas al día, estamos entre los más ricos del mundo. Pablo tenía razón: «Gran ganancia es la piedad acompañada de contentamiento; porque nada hemos traído a este mundo, y sin duda nada podremos sacar. Así que, teniendo sustento y abrigo, estemos contentos con esto» (1 Timoteo 6:6-8, RV-60).

Deuda

En esta sociedad de tarjeta de crédito, se ha perdido el principio de la vida sencilla. Los anuncios publicitarios nos asedian con fáciles planes de pago: «Compre ahora, pague después». ¿Pagar después con qué? Si comprar a crédito significa gastar dinero que no tengo, estoy viviendo más allá del límite de mis recursos. Esta no es buena mayordomía.

El señuelo del dinero fácil adquirido mediante el juego y las loterías es otro síntoma de la impaciencia por poseer lo que no ganamos. El sabio escribe: «Quien ahorra, poco a poco se enriquece» (Proverbios 13:11).

A medida que nuestros hijos comienzan a administrar el dinero que reciben para gastos personales, deben aprender a controlar sus gastos. Si les prestamos dinero a cada momento («Mamá, ¿me prestas cinco dólares? Luego te los devuelvo»), están estableciendo un patrón para mayores deudas en el futuro.

En el libro de Proverbios leemos: «Los ricos son los amos de los pobres; los deudores son esclavos de sus acreedores» (Proverbios 22:7). La persona que vive dentro de sus medios tiene libertad financiera.

Dar

Ofrenda

Un domingo hace varios años, a mi hijo de cinco años de edad le di treinta centavos para que ofrendara en la Escuela Dominical. Me sorprendí cuando al regresar de la iglesia todavía tenía una resplandeciente moneda de veinticinco centavos. «André», le dije reprendiéndolo, «ese dinero era para Jesús».

«Lo sé», me dijo. «Por eso es que lo compartimos. Yo le di la moneda pequeña y me quedé con la grande».

Le di la pequeña y me quedé con la grande. Me pude ver reflejada en esas palabras.

Darle dinero a Dios no es un reflejo natural. Es, sin embargo, una parte muy necesaria de la administración adecuada de nuestras finanzas y un indicio de la alianza de nuestro corazón.

Ante todo, darle a Dios comienza con el reconocimiento de que, para empezar, todo le pertenece a Él. Cuando los israelitas

Juego con apuestas

- Se estima que en Estados Unidos hay entre seis y diez millones de jugadores compulsivos.
- El juego excesivo causa actividades ilegales, deudas, deterioro de las relaciones con amigos y familiares, depresión e intentos de suicidio.
- En el juego se gastan más de quinientos mil millones de dólares anuales.
- La edad de los jugadores compulsivos oscila entre diecisiete y setenta años de edad.
- Cincuenta por ciento de los jugadores compulsivos tienen problemas con el alcohol u otras drogas[3].

terminaron de dar de manera extravagante para la construcción de un elaborado templo, David oró: «Pero, ¿quién soy yo, y quién es mi pueblo, para que podamos darte estas ofrendas voluntarias? En verdad, tú eres el dueño de todo, y lo que te hemos dado, de ti lo hemos recibido» (1 Crónicas 29:14).

Es obvio que Dios no necesita que le devolvamos su dinero, pero nosotros sí necesitamos darlo. Así que nos sigue recordando ese hecho. «Llevarás a la casa del SEÑOR tu Dios lo mejor de tus primicias» (Éxodo 23:19). «El primer día de la semana, cada uno de ustedes aparte y guarde algún dinero conforme a sus ingresos» (1 Corintios 16:2).

Compartir

La estrategia de Dios para cuidar de las necesidades físicas de las personas envuelve el sacrificio de buena voluntad por parte de los que tienen, a fin de ayudar a suplir las necesidades de los que no tienen. «Supongamos que un hermano o una hermana no tienen con qué vestirse y carecen del alimento diario, y uno de ustedes les dice: "Que les vaya bien; abríguense y coman hasta saciarse", pero no les da lo necesario para el cuerpo. ¿De qué servirá eso?» (Santiago 2:15-16). «Si alguien que posee bienes materiales ve que su hermano está pasando necesidad, y no tiene compasión de él, ¿cómo se puede decir que el amor de Dios habita en él?» (1 Juan 3:17).

Avaricia

La codicia es el apetito por el dinero, el deseo por tener más, el impulso y la pasión por adquirir y poseer. Es insaciable. Es idolatría.

En varios lugares del Nuevo Testamento vemos algunas combinaciones de las palabras *adulterio*, *idolatría* y *avaricia*. Cuando en nuestra vida sacamos a Dios de su trono, el espacio vacío enseguida lo usurpan los dioses falsos de deseos superficiales que exigen gratificación inmediata.

Se dice que esta extraviada alianza y adoración son las que caracterizan la naturaleza pecaminosa y no debe estar entre el pueblo de Dios. «Hagan morir todo lo que es propio de la naturaleza terrenal: inmoralidad sexual, impureza, bajas pasiones, malos deseos y avaricia, la cual es idolatría» (Colosenses 3:5).

Es muy fácil estimular la avaricia en nuestros hijos, cuando posemos los medios para mimar sus egoístas peticiones.

Así que, estamos alimentando el pecado en su carácter.

Robo y engaño

Tratar de adquirir dinero por medios deshonestos es el resultado natural de la avaricia. Es obvio que este pecado en particular provoca la ira de Dios. En el caso de Acán, Dios abandonó a su pueblo hasta que se encontró al ladrón y se castigó. La Escritura dice: «¡Ay del que se hace rico con lo ajeno y acumula prendas empeñadas!» (Habacuc 2:6); y «No robes» (Éxodo 20:15).

La otra cara de tomar dinero que no es mío es evitando dar dinero que debo. Esto incluye no asumir responsabilidad si es que pierdo o rompo algo que le pertenece a otra persona, mentir en la declaración de impuestos sobre ingresos o fingir que cualifico

Un aliado inesperado: Uso del dinero para desarrollar el carácter

- Enséñales a los hijos a evitar la compra compulsiva. Aprenden a controlar sus emociones y toman tiempo para evaluar la utilidad de la compra deseada.
- Enséñales a los hijos cómo ahorrar. Aprenden a resistir la gratificación inmediata en pro de alcanzar una meta a largo plazo. Examinan y desarrollan sus propios valores: un juguete especial, campamento de verano, un auto o la universidad.
- Enséñales a los hijos a trabajar. Al ganar dinero, los hijos aprenden a valorar sus destrezas y esfuerzos, y a beneficiarse del fruto de la determinación y la perseverancia. También aprenden a apreciar el valor del dinero y el sacrificio que hacen sus padres para suplir sus necesidades.
- Enséñales a los hijos cómo comprar. Al comparar precios, esperar por liquidaciones o comprar artículos de segunda mano, los hijos aprenden a resistir los anuncios y las presiones de venta, tomando así control de sus decisiones al comprar.
- Enséñales a los hijos a dar. Dar de manera sistemática hace que pensar en otros sea parte del esquema mental de nuestros hijos y pierdan el hábito de ser demasiado posesivos. Al dar para necesidades particulares, los hijos aprenden a estar alertas y a ser compasivos.
- Enséñales a los hijos el sacrificio. Al carecer de algo, sea a propósito o no, los hijos aprenden a confiar en Dios y hallan contentamiento en los placeres sencillos.
- Enséñales a los hijos a invertir. Al dar para la obra del Señor en la iglesia y mediante las misiones, los hijos aprenden a hacer tesoros en el cielo. La pasión espiritual crece con su inversión.
- Enséñales a los hijos discreción. Lo que los hijos poseen y gastan es un asunto personal, así como lo es la situación financiera de la familia. Aprenden importantes destrezas sociales cuando evitan la jactancia, las quejas o el inquirir en cuanto a las finanzas privadas de otras personas.

para una tarifa especial cuando no es así (por ejemplo: gratuito para los niños menores de doce años).

«El que robaba, que no robe más, sino que trabaje honradamente con las manos para tener qué compartir con los necesitados» (Efesios 4:28).

Trabajo

La Biblia enfatiza mucho la dignidad del trabajo: ganancia honesta. Antes de la caída, Adán y Eva trabajaron en el jardín del Edén (Génesis 2:15). Es más, Dios mismo trabajó seis días y descansó en el séptimo. Jesús no comenzó su ministerio hasta los treinta años de edad. Así que durante los dieciocho años anteriores, comenzando a los doce años de edad cuando se consideró un hombre, trabajó con sus manos en el negocio de carpintería de su padre.

Jesús fue un gran ejemplo de la exhortación de Pablo: «A procurar vivir en paz con todos, a ocuparse de sus propias responsabilidades y a trabajar con sus propias manos» (1 Tesalonicenses 4:11). En otro lugar escribe: «Hagan lo que hagan, trabajen de buena gana, como para el Señor y no como para nadie en este mundo» (Colosenses 3:23).

Junto con otorgarle honor y dignidad al trabajo, la Biblia tiene mucho que decir sobre lo negativo de la vagancia:

- «Por causa del ocio se viene abajo el techo, y por la pereza se desploma la casa» (Eclesiastés 10:18).
- «Las manos ociosas conducen a la pobreza» (Proverbios 10:4).
- «Amonesten a los holgazanes» (1 Tesalonicenses 5:14).

¿Cómo sabemos si nuestros hijos son ociosos? Debemos buscar esto con determinación en la sociedad actual, la cual está empecinada en inventar cada vez más comodidades a fin de ayudarnos a evitar el trabajo. Las siguientes preguntas pueden ser de ayuda:

- ¿Hacen mis hijos los quehaceres como parte regular de sus rutinas?
- ¿Se quejan cuando les pido que hagan algo?
- ¿Brindan ayuda?
- ¿Pasan demasiado tiempo en actividades sedentarias: mirando televisión, jugando con juegos electrónicos?

Espejo del corazón

En el Sermón del Monte Jesús dijo: «No acumulen para sí tesoros en la tierra, donde la polilla y el óxido destruyen, y donde los ladrones se meten a robar. Más bien, acumulen para sí tesoros en el cielo, donde ni la polilla ni el óxido carcomen, ni los ladrones se meten a robar. Porque donde esté tu tesoro, allí estará también tu corazón» (Mateo 6:19-21).

Traicionamos nuestros corazones mediante nuestras carteras. Por lo general, las personas están dispuestas a pagar por cualquier cosa que consideran importante de verdad. Por eso es que las familias invierten su dinero de diferentes formas: algunos pagan por ropa de diseñadores, otros por viajes, otros por clases de arte y música, otros por equipos modernos de entretenimiento.

Cuando los hijos tienen suficiente edad para tener un sentido del valor del dinero, podemos trazarnos una idea de dónde están sus afectos sobre la base de cómo gastan su dinero. Esta es una oportunidad para evaluar prioridades y enfatizar principios bíblicos a fin de invertir en las causas eternas.

Listos, apunten...

Esopo relata la fábula de un pequeño niño y un frasco de nueces. El chico, quien considera las nueces como un delicioso placer, mete su mano en el frasco y agarra todas las que puede. El problema, por supuesto, es que su mano está demasiado llena de nueces y no la puede sacar del frasco. Así que, cegado por el deseo de las nueces, se ve obligado a pedirle a su madre la solución a su problema. «Suelta las nueces», dijo ella.

Jesús conoció una versión madura del pequeño niño. Era un soberano que tenía su mano atascada en su olla de oro. Cuando el insatisfecho joven acudió a Jesús, este le hizo una importante pregunta: «¿Qué bien haré para tener la vida eterna?». Jesús le dijo que debía obedecer los mandamientos.

«Todos esos los he cumplido», dijo el interesado, tratando de sacar su mano del frasco.

Jesús lo miró con compasión. «Si quieres ser perfecto», dijo Él, «anda, vende lo que tienes y dáselo a los pobres, y tendrás tesoro en el cielo. Luego ven y sígueme». *Suelta las nueces.*

Es triste, pero el joven se alejó con su mano atascada en el frasco.

Para nosotros y nuestros hijos, así como para el joven rico, servir a Dios y al mundo es un asunto de vida eterna. «¿De qué sirve ganar el mundo entero si se pierde la vida?» (Mateo 16:26).

Preguntas para reflexión y discusión adicional

1. ¿Qué puedes hacer para lidiar con las actitudes de tu familia respecto al dinero en las siguientes esferas?
    - Sentido de seguridad en Dios
    - Sencillez
    - Deuda
    - Dar a Dios y a otros
    - Avaricia
    - Robo
    - Trabajo
2. Al relatar la historia de un hombre que acumulaba granos, almacenes y riquezas, Jesús dijo: «La vida de una persona no depende de la abundancia de sus bienes» (Lucas 12:15). El autor Phil Callaway dice: «El éxito no se mide por las cosas que poseemos, sino por las huellas que dejamos»[4]. ¿En qué consiste tu vida? ¿Qué huellas estás dejando?
3. ¿De qué manera puedes usar el dinero como una herramienta de enseñanza en tu familia?

No es calumniador

Las esposas de los diáconos
deben ser honorables, no calumniadoras.
1 Timoteo 3:11

Eviten toda conversación obscena. Por el contrario,
que sus palabras contribuyan a la necesaria edificación.
Efesios 4:29

Se cuenta la historia de un joven que durante la Edad Media fue a ver un monje diciendo:

—He pecado al declarar calumnias sobre alguien. ¿Qué debo hacer ahora?

—Coloca una pluma en el umbral de cada puerta del pueblo —le dijo el monje.

El joven así lo hizo. Luego regresó ante el monje preguntando si debía hacer alguna otra cosa.

—Regresa y recoge todas las plumas —le dijo el monje.

—¡Eso es imposible! ¡A esta altura el viento las habrá soplado por todo el pueblo! —respondió el joven.

—De igual manera es imposible recuperar tus palabras calumniadoras —le dijo el monje[1].

La mirada en el blanco

Pablo le escribe a Timoteo que las mujeres no deben ser «calumniadoras» (1 Timoteo 3:11). La palabra es *diabolos*, y significa calumniador o falso acusador. La palabra se usó aquí y en dos lugares más para referirse a personas. En todos los demás casos en el Nuevo Testamento, *diabolos* es un nombre para el diablo, el acusador de nuestras almas.

Los calumniadores, entonces, son las «personas que tienen inclinación a encontrar defectos en el comportamiento y en las actitudes de otros, y a esparcir sus acusaciones y críticas en la iglesia»[2].

Pablo no es el único escritor bíblico que conecta el mal hablar con el diablo. Santiago lo hace en términos espantosos cuando escribe: «También la lengua es un fuego, un mundo de maldad. Siendo uno de nuestros órganos, contamina todo el cuerpo y, encendida por el infierno, prende a su vez fuego a todo el curso de la vida» (Santiago 3:6).

El control de nuestras palabras es difícil, pero esencial para el carácter cristiano. Jesús dijo que podemos discernir lo que hay en el corazón de un hombre por lo que dice: «De la abundancia del corazón habla la boca» (Mateo 12:34). Santiago también dice que la habilidad de domar la lengua es indicio de control propio en otras esferas. «Si alguien nunca falla en lo que dice, es una persona perfecta, capaz también de controlar todo su cuerpo» (Santiago 3:2).

Vamos a echarle un vistazo a la enseñanza y ejemplos que Dios nos ha dado para entender la asombrosa y exasperante pequeña bestia que vive en nuestras bocas.

Profanidad

En un mundo desprovisto de un sentido de todo lo que es santo, la importancia del tercer mandamiento podría pasar inadvertida por muchos. «No pronuncies el nombre del SEÑOR tu Dios a la ligera. Yo, el SEÑOR, no tendré por inocente a quien se atreva a pronunciar mi nombre a la ligera» Éxodo 20:7).

En la mente hebrea, un nombre representa el carácter y esencia de una persona. Los diversos nombres que la Biblia usa para referirse a Dios expresan diferentes aspectos de su vasta y trascendente personalidad. El salmista escribe: «¡Su nombre es santo e imponente!» (Salmo 111:9).

La profanidad, o usar el nombre de Dios como una expresión de ira o disgusto, es pecado. También lo es el uso sin sentido de su nombre como expresión de gozo o sorpresa. Cuando invocamos el nombre de Dios, pisamos un terreno santo. Se llama oración, y entramos al salón del trono del gran Rey.

Cuando éramos niños, jugábamos a una travesura llamada «Nicky, Nicky nueve puertas» que consistía en tocar a la puerta de un vecino y salir corriendo a esconderse. Hoy en día entiendo cuán fastidioso e irrespetuoso era dicho juego. No debemos tocar la puerta de Dios si no tenemos la intención de entrar.

Entre los cristianos existe un mal uso del nombre de Dios aun más sutil. Cuando cantamos, leemos la Biblia en voz alta y oramos, a menudo nuestras mentes divagan y articulamos palabras sin considerar su significado. Se hacen muchas promesas a la ligera y se quebrantan enseguida cuando sin pensarlo nos comprometemos con grandes obras de dedicación y disciplinas de santificación, en especial mediante la música.

Recordemos, tanto nosotros como nuestros hijos, que le prestemos atención a las palabras que decimos y cantamos, sobre todo cuando pronunciamos el santo nombre de Dios.

Hay otras maneras de usar el nombre del Señor a la ligera. ¿Alguna vez has notado cuán fácil es decir «Dios es bueno» cuando las cosas marchan bien? Debemos equilibrar esto diciendo que Dios es bueno cuando tenemos dolor o cuando nos encontramos luchando con una necesidad sin suplir. Su carácter no ha cambiado. Tampoco su nombre.

Vulgaridad

En nuestra sociedad tan saturada de sexo, los niños se exponen al lenguaje vulgar y a las insinuaciones sexuales a edad muy temprana.

Las palabras de Pablo a los efesios son una buena norma: «Eviten toda conversación obscena» (4:29). «Tampoco debe haber palabras indecentes, conversaciones necias ni chistes groseros, todo lo cual está fuera de lugar» (5:4). A los colosenses les dice que abandonen el «lenguaje obsceno» (3:8).

El humor relacionado con las necesidades fisiológicas a temprana edad es una manera natural para que los niños pequeños descubran cómo funciona su cuerpo y entiendan el papel de la privacidad en la interacción social. El padre sabio le enseñará a su hijo el equilibrio entre la expresión propia que es saludable (dialogar sobre asuntos personales con franqueza cuando sea necesario) y la modestia (usar discreción o evitar el tema en un contexto inapropiado). Sin embargo, un niño pequeño que solo habla de este asunto con la intención de causar una conmoción, a menudo llegará a ser un adolescente que, en público y con tosquedad, habla sobre la sexualidad humana.

Nuestra forma de hablar refleja nuestra manera de pensar. Un niño que usa la vulgaridad tiene mucho más que un problema de vocabulario. Los padres necesitan buscar en oración los asuntos más profundos que puedan estar involucrados ¿Tiene el chico dificultad para respetar a los demás? ¿Va más allá de los límites en otras esferas? ¿Es esta una señal de rebelión o una obsesión con el sexo? ¿El impulso de querer ser aceptado por sus compañeros causa que el chico comprometa sus valores familiares?

Mentiras

Otro mandamiento relacionado con la lengua tiene que ver con el falso testimonio. Las mentiras nunca son inofensivas. El mismo Satanás es el padre de toda mentira.

En contraste, Dios es un Dios de verdad. Jesús es el camino, la verdad y la vida (Juan 14:6). La Palabra de Dios es verdad (Juan 17:17). A su pueblo se le exhorta que hablen la verdad en amor (Efesios 4:15).

Los niños pueden recurrir a la mentira a fin de negar la culpa o mala acción. El próximo paso es culpar a otra persona o alguna otra cosa.

Los niños también mienten para mejorar, impresionar o hacer amigos. Esta mentira exagera o tergiversa la bondad o las capacidades del individuo, mientras minimiza los errores o debilidades.

Otra forma de mentir involucra el daño a los demás. Motivado por la venganza y el deseo de herir, o quedar bien, trata de que otra persona se vea mal ante los demás o tenga problema con la autoridad.

Un patrón de mentira se convierte en un estilo de vida. La Biblia nos muestra con claridad que pertenece al antiguo estilo de vida y no tiene parte alguna en el repertorio verbal de los hijos de Dios. «Dejen de mentirse unos a otros, ahora que se han quitado el ropaje de la vieja naturaleza con sus vicios, y se han puesto el de la nueva naturaleza» (Colosenses 3:9-10).

La mala hierba del rumor

¿Alguna vez has notado cuán fácil es captar la atención de las personas cuando hablas tras las espaldas de alguien? Trabajando en un campamento cristiano, me sorprendía lo curiosos que podían ser los niños (y los consejeros) de lo que no les incumbía en lo personal. ¿Por qué regañan a Nancy y castigan a Alicia? ¿Es cierto que José mordió a Sandra? Débora dice que Jenny se orinó en la cama. ¿Sabías que Felipe tiene que tomar pastillas o de otra manera no se porta bien?

Quizá sea apropiado que un adulto explique las necesidades de un chico en particular a los demás con el fin de promover la comprensión y el cuidado. Sin embargo, cuando a través de este tipo de curiosidad comienzan los rumores, sean estos falsos o verdaderos, la intención no es provechosa ni edificante.

Esparcir historias falsas que pueden dañar la reputación de otra persona es calumnia. Este pecado está en la desdichada lista junto con la borrachera, la idolatría, la ira, las contiendas, la avaricia y el odio a Dios (véanse Romanos 1:30; 1 Corintios 5:11; 6:10; 2 Corintios 12:20; Efesios 4:31; Tito 2:3).

Con razón el sabio escribió: «El que propaga calumnias es un necio» (Proverbios 10:18).

Si la calumnia es decir historias falsas tras las espaldas de otra persona, el chisme es decir la verdad cuando no tiene valor positivo alguno. Para hacer esto, los niños tratan de presentar la información como una preocupación: «Siento mucha pena por Emilia. Su mamá le compra toda su ropa en una tienda de segunda mano». Para justificarse, los adultos tienden a esparcir rumores a través de «decir las peticiones de oración».

Este pecado no es nuevo. John Dryden, un poeta del siglo diecisiete, escribió esto:

> Hay una lujuria en el hombre que ningún encanto puede domar,
> De en voz alta la vergüenza de su vecino publicar.
> Por eso, sobre alas de águilas vuelan los escándalos inmorales,
> Mientras las acciones virtuosas solo nacen y mueren [3].

Las chicas parecen ser propensas, en los primeros años de la adolescencia, a saborear los detalles del argumento de una chica con otra, su caída del grupo popular o sus problemas con los chicos. En vez de solucionar el problema, esto crea nuevos malentendidos. *Si eres mi amiga pero ella ya no es tu amiga, puedo ser amiga de la ex amiga de mi mejor amiga*, y así continúa hasta que nadie recuerda cómo comenzó.

Palabras hirientes

Los palos y las piedras pueden romper mis huesos, pero las palabras nunca romperán mi corazón. A muchas personas heridas en nuestros vecindarios e iglesias les dijeron cuando eran chicos: «Nunca llegarás a ser alguien», «Muchacho estúpido» o «Mira lo gordo que estás».

Puede que los niños pequeños nos avergüencen con sus inocentes y espontáneas observaciones de otras personas. («Mamá,

¿por qué esa señora habla tan cómico?»). Las preguntas sencillas deben recibir respuestas sencillas. Cuando estemos fuera del alcance del oído de la persona en cuestión, debemos enseñarles a nuestros hijos a no decir cosas ante otros que pueden ser hirientes.

A medida que los niños crecen, se convierten en expertos de las burlas crueles y las críticas. Con frecuencia, algunas de las palabras más fuertes se dicen en el hogar, a los hermanos o padres, cuando las emociones son intensas y los intereses altos. Los apodos ofensivos y las burlas no deben permitirse entre los miembros de la familia. Aunque las palabras hirientes nunca son aceptables, el niño víctima del fastidio fuera del hogar tiene la necesidad especial de encontrar afirmación y seguridad en su familia.

La respuesta de Job ante las palabras de sus amigos es a menudo el gemir de nuestros corazones: «¿Hasta cuándo van a estar atormentándome y aplastándome con sus palabras?» (Job 19:2).

Alabanza a Dios

Cuando Jesús entró en Jerusalén ante los gritos y aclamaciones de la multitud, los fariseos objetaron de nuevo. Querían que Jesús callara las alabanzas.

«Les aseguro», les respondió, «que si ellos se callan, gritarán las piedras» (Lucas 19:40). A veces, cuando veo a creyentes malhumorados y quejándose, me veo tentada a inclinar mi oído hacia las piedras, por si acaso.

Dios es alto y sublime. Es majestuoso, poderoso y digno de nuestra alabanza. Cuando el Espíritu y la Palabra de Dios nos llena, es natural que cantemos salmos, himnos y cánticos espirituales a Dios, con gratitud en nuestros corazones (Colosenses 3:16).

La alabanza a Dios envuelve el conocimiento de Dios. Significa elogiarlo por sus cualidades y obras justas. Cuando alabamos, le recordamos a Él, y a nosotros mismos, sus respuestas a nuestras oraciones. Al usar nuestras lenguas para glorificarle y hablar de su grandeza, le conocemos mejor. Nos acercamos en confianza a su corazón. También elevamos nuestro espíritu hacia un anhelo por mejorar, una búsqueda por algo mucho mejor.

A fin de desarrollar la práctica de la alabanza con nuestros hijos, podemos leer los salmos y escuchar juntos música cristiana. También podemos animar a cada uno a elevar una pequeña oración de agradecimiento a la hora de la cena, confeccionar juntos una tarjeta de bienvenida para Jesús, nombrar una cualidad de Dios por cada letra del alfabeto o trabajar juntos en la creación de un coro de alabanza familiar. «Así que ofrezcamos continuamente a Dios, por medio de Jesucristo, un sacrificio de alabanza, es decir, el fruto de los labios que confiesan su nombre» (Hebreos 13:15).

Solo espero que las piedras no tengan que gritar en nuestro hogar.

Confesión

Una persona capaz de admitir sus faltas y errores muestra un gran nivel de madurez. El niño que asume la responsabilidad por haber tomado la galletita, será algún día el adolescente que dice: «Siento que no me despertara y faltara a la cita. Fue mi culpa».

Enseñarles a los hijos a nombrar sus pecados y pedir perdón, tanto a otra persona como a Dios, implica estar dispuesto a hacerlo nosotros primero. La confesión de nuestros pecados y errores es tan importante que Dios dice que vienen antes que la adoración: «Si estás presentando tu ofrenda en el altar y allí recuerdas que tu hermano tiene algo contra ti, deja tu ofrenda allí delante del altar. Ve primero y reconcíliate con tu hermano; luego vuelve y presenta tu ofrenda» (Mateo 5:23-24).

Crítica constructiva

A veces hay que comunicar una verdad negativa. En la mayoría de los casos, la verdad se le debe decir directo a la persona que se comporta mal o causa una ofensa. Esto quizá sea delicado debido a que nuestros corazones están muy torcidos y nuestros motivos son poco confiables.

La Escritura enseña que cuando nos han ofendido en lo personal, tenemos que acudir a la otra persona y arreglar el asunto. «Si tu hermano peca contra ti, ve a solas con él y hazle ver su falta» (Mateo 18:15).

El asunto de la privacidad es importante. También lo es la humildad. «Hermanos, si alguien es sorprendido en pecado, ustedes que son espirituales deben restaurarlo con una actitud humilde. Pero cuídese cada uno, porque también puede ser tentado» (Gálatas 6:1).

El amor motiva a la privacidad y la humildad. «Al vivir la verdad con amor, creceremos hasta ser en todo como aquel que es la cabeza, es decir, Cristo» (Efesios 4:15).

Los verdaderos amigos pueden contarse sus preocupaciones sobre sus debilidades, animándose y exhortándose entre sí a fin de andar cada vez más como Jesús. El sabio escribió: «Más vale ser reprendido con franqueza que ser amado en secreto» (Proverbios 27:5).

Quizá nuestros hijos observen un comportamiento cuestionable de un adulto en autoridad y se sientan demasiado intimidados para decir algo. Puede que se hieran por la inconsciente insensibilidad de otra persona y prefieran alejarse en vez de enfrentar el asunto. Una chica mayor puede creer que una amiga va a tomar una decisión poco sabia, pero guarda silencio con tal de preservar su popularidad. Muchas veces sería más fácil no decir nada, pero es importante que nuestros hijos digan la verdad cuando a la larga es lo más provechoso.

Estímulo

«El chisme implica decir tras las espaldas de una persona lo que nunca le dirías cara a cara. La lisonja significa decirle a una persona cara a cara lo que nunca dirías tras sus espaldas»[4].

Ambas cosas son malas. El estímulo es el mejor camino. El poder sanador de la palabra positiva confiere una bendición sobre la persona que escucha. Decimos la misma cosa en presencia o ausencia de la persona que hablamos.

En vez de hablar de forma negativa, Pablo dice que nuestras «palabras contribuyan a la necesaria edificación y sean de bendición para quienes escuchan» (Efesios 4:29). El sabio escribe: «La angustia abate el corazón del hombre, pero una palabra amable lo alegra» (Proverbios 12:25).

En un poco común vislumbre de las necesidades emocionales del apóstol Pablo, vemos cómo las palabras se pueden usar y transferir como fuente de sanidad y consuelo. Después de describir su fatiga, facciones y temores, dice: «Pero Dios, que consuela a los abatidos, nos consoló con la llegada de Tito, y no solo con su llegada sino también con el consuelo que él había recibido de ustedes. Él nos habló del anhelo, de la profunda tristeza y de la honda preocupación que ustedes tienen por mí, lo cual me llenó de alegría» (2 Corintios 7:6-7).

Si decir cosas positivas y estimulantes a otros es algo que necesita practicar tu familia, el viaje de regreso a casa después del culto de adoración dominical es un buen punto de partida. Los padres pueden dar el ejemplo haciendo un comentario positivo sobre la música o el mensaje. A fin de lograr que los chicos hablen, podemos hacer uso de preguntas que motiven el diálogo tales como: ¿Qué les pareció la Escuela Dominical de hoy? ¿Qué cosas interesantes dijeron los demás chicos? ¿Hubo algo que oraron o cantaron que les pareció interesante o les gustó? Asegúrense de añadir por lo menos una observación positiva sobre alguna persona de la congregación. Descubrirás que el estímulo, al igual que el desaliento, es contagioso.

Listos, apunten...

El lenguaje se aprende por imitación; los bebés escuchan y copian los sonidos que hacen las personas significativas en sus vidas. A medida que su entendimiento se desarrolla, les dan significado a las palabras, tonos y niveles de decibeles.

Los niños comienzan imitando a sus padres y a las demás personas que los cuidan. Mientras crecen, aprenden patrones del lenguaje de sus maestros y compañeros de clases, sus héroes de las películas y del deporte y sus ídolos de la música.

Educar a nuestros hijos a fin de que usen las palabras con sabiduría significa que alguien tendrá que enseñarles cómo hacerlo. Yo nunca hubiera presentado mi solicitud para este trabajo, pero de todas maneras lo desempeño, y por eso recuerdo a menudo las palabras del apóstol Pablo: «Que su conversación sea siempre amena y de buen gusto. Así sabrán cómo responder a cada uno» (Colosenses 4:6).

Preguntas para reflexión y discusión adicional

1. ¿Cuáles de los siguientes tipos de palabras están presentes en tu propio repertorio?
    - Jurar
    - Vulgaridad
    - Mentiras
    - Chisme
    - Palabras hirientes
    - Alabanza
    - Decir la verdad
    - Estímulo
2. ¿Recuerdas lo que Jesús dijo sobre nuestros patrones del habla? «De la abundancia del corazón habla la boca. El que es bueno, de la bondad que atesora en el corazón saca el bien, pero el que es malo, de su maldad saca el mal» (Mateo 12:34-35). Si los hijos (o los padres) mienten, juran o casi siempre hacen mal uso de sus palabras, el problema no solo es ese pequeño músculo rojo que hay en la boca. El fuego que enciende la lengua ya está ardiendo en

el corazón. Una actitud pecaminosa o hábito se desborda. ¿Qué puedes hacer para encontrar la causa del problema?

3. ¿Qué quiere decir Salomón cuando escribe: «Como naranjas de oro con incrustaciones de plata son las palabras dichas a tiempo» (Proverbios 25:11)?
4. ¿Qué puedes hacer esta semana para mejorar el ejemplo que le muestras a tus hijos sobre tu manera de hablar?

Santo

El anciano debe ser [...] justo, santo y disciplinado.
Tito 1:6-8

Para que, cuando nuestro Señor Jesús venga con todos sus santos, la santidad de ustedes sea intachable delante de nuestro Dios y Padre.
1 Tesalonicenses 3:13

Hace varios años, cuando mi hija Sara estaba en tercer grado, llegó a casa con una tarea que había terminado sin saber que la había estado haciendo. Sara tenía que escribir una meta y diez cosas que podía hacer para alcanzarla. La meta de su amiga Elizabeth era ser dentista. La de Jimmy era llegar hasta el cuarto grado. La meta de Sara era ir al cielo. Así que escribió dos páginas completas sobre el tema.

Sara tenía una perspectiva sobre la fe y las obras mucho más avanzada que la mayoría de nosotros. Le pediría a Jesús que perdonara sus pecados y dejaría de gritarle a su hermano. Asistiría a la Escuela Dominical y ayudaría a los pobres. Creería en Dios y lavaría los platos sucios. Intentaría ser buena.

La mirada en el blanco

Pablo le escribe a Tito que el obispo debe ser «justo, santo». Estos dos términos denotan una expresión de justicia hacia dentro, hacia fuera y hacia arriba.

La palabra *justo* viene de *dikaion*, que significa «recto, bueno y virtuoso». Moisés describió a Dios de esta manera en un cántico que entonó antes de su muerte frente a la nación de Israel. «Él es la Roca, sus obras son perfectas, y todos sus caminos son justos.

Dios es fiel; no practica la injusticia. Él es recto y justo» (Deuteronomio 32:4).

El cántico de Moisés lo repiten las huestes celestiales donde se le añade la palabra *santo* como una descripción de Dios. La palabra griega *josios* significa separación de la maldad y la práctica de la justicia. La multitud celestial entona el cántico: «Solo tú eres santo» (Apocalipsis 15:4).

Es obvio que Dios es santo por excelencia. Es santo, santo, santo. Su pureza y perfección son inconcebibles por nuestra mente finita. Aun así, nosotros tenemos el llamado a su santidad. Pedro escribe: «Sean ustedes santos en todo lo que hagan, como también es santo quien los llamó; pues está escrito: "Sean santos, porque yo soy santo"» (1 Pedro 1:15-16).

¿Parece imposible? Sí lo es para personas caídas que residen en un mundo caído. Por eso Pedro interpone su exhortación hacia la vida de santidad entre recordatorios del cielo. «Pongan su esperanza completamente en la gracia que se les dará cuando se revele Jesucristo», escribe (v. 13), y «Sean santos». Luego dice: «Vivan con temor reverente mientras sean peregrinos en este mundo» (v. 17).

Sara entendía algo. El pensamiento y la vida santa están estrechamente relacionados a la esperanza celestial.

Anhelo de santidad

La santidad pertenece a otro mundo. Dios es santo, y al acercarnos a Él en un lazo de mente y corazón, vislumbramos su perfección y cambiamos, poco a poco, a su semejanza. La obra trascendente del Espíritu Santo es un misterio, nunca podemos pretender fabricar la semejanza de Dios en nuestras vidas ni en la de nuestros hijos. No hay fórmulas, no hay listas sencillas de control, no hay atajos.

El deseo arde en el corazón de todos los verdaderos discípulos y nos impulsa hacia delante con la pasión de apóstol Pablo: «A fin de ganar a Cristo», teniendo «la justicia que procede de

Dios, basada en la fe» (Filipenses 3:8-9). A la larga, nuestro deseo se saciará a plenitud cuando seamos perfectos en su presencia por siempre. Pablo dice que Cristo se entregó a sí mismo por la iglesia: «Para hacerla santa [...] sin mancha ni arruga ni ninguna otra imperfección, sino santa e intachable» (Efesios 5:26-27).

Mientras tanto, tenemos una responsabilidad a medida que somos más semejantes a Cristo. Aunque no podemos asumir el papel del Espíritu Santo en la vida de nuestros hijos, sí podemos hacer nuestra parte a fin de prepararlos en las características que lo reflejan. Pedro nos presenta una perspectiva de la obra de Dios en nuestra vida cuando escribe: «Su divino poder [...] nos ha concedido todas las cosas que necesitamos para vivir como Dios manda. Así [...] lleguen a tener parte en la naturaleza divina. Precisamente por eso, esfuércense [...] y se les abrirán de par en par las puertas del reino eterno de nuestro Señor y Salvador Jesucristo» (2 Pedro 1:3-11).

Demostración de la santidad

La santidad comienza en el corazón. El salmista escribe: «La luz se esparce sobre los justos, y la alegría sobre los rectos de corazón» (Salmo 97:11). «Te alabaré con integridad de corazón» (Salmo 119:7).

Este impulso interior hacia Dios y lejos de la maldad no es piedad austera. Es la necesaria raíz de una vida de piedad práctica tal y como lo exploramos a través de este libro. Las cualidades de carácter se definen por lo que somos y hacemos. Como Jesús señaló, nuestros pensamientos y afectos a la larga brotarán mediante nuestras palabras y acciones.

Gene Getz escribe que la santidad «es esa cualidad que demuestra que un creyente está en el proceso de ser semejante a Jesús en su vida diaria y comportamiento»[1]. La santidad no es una espiritualidad secreta, sino un estilo de vida observable. El apóstol Pablo dijo: «Dios y ustedes me son testigos de que nos comportamos con ustedes los creyentes en una forma santa, justa e irreprochable» (1 Tesalonicenses 2:10).

No tenemos que investigar mucho para ver lo que sucede con el carácter de nuestros hijos. Al observar su comportamiento y escuchar sus palabras, podemos tener un buen indicio de la dirección de sus corazones. No podemos cegarnos ante el pecado persistente y el egoísmo, mientras decimos: «En el fondo es un buen chico». La Biblia nos dice que si es un buen chico en su interior, se mostrará en lo exterior.

Aprendan la santidad

Como padres, sabemos que la santidad no se produce de forma automática. Primero, somos conscientes de nuestras luchas diarias contra el pecado. Luego, al cooperar con Dios en la creación de la vida, aprendemos demasiado pronto que «santidad» no es la palabra que viene a nuestra mente cuando describimos el carácter de nuestros hijos.

Sin embargo, la santidad se puede aprender. Pablo escribe a los efesios: «Se les enseñó [...] ser renovados en la actitud de su mente; y ponerse el ropaje de la nueva naturaleza, creada a imagen de Dios, en verdadera justicia y santidad» (Efesios 4:22-24).

¿Cómo se les enseñó a los efesios? ¿Cómo podemos enseñarles a nuestros hijos? Sabemos que Pablo usó las Escrituras del Antiguo Testamento. También señaló ciertos puntos doctrinales usando las tradiciones culturales conocidas. Él mismo fundó la iglesia en Éfeso y les enseñó a los creyentes lo que le reveló Dios. Luego comisionó ancianos para que continuaran con la obra. Y les escribió. Todo eso muestra una preparación continua de la mente, una comunicación de información y la aplicación de la verdad bíblica a la vida.

Es un buen comienzo, pero no es suficiente. Nuestros hijos, como los cristianos efesios, necesitan un modelo. Aprenderán santidad observando nuestras vidas. ¿Podemos decir con Pablo: «Pongan en práctica lo que de mí han aprendido, recibido y oído, y lo que han visto en mí» (Filipenses 4:9); «Imítenme a mí, como yo imito a Cristo» (1 Corintios 11:1)?

Escojan la santidad

La vida de santidad es un acto de la voluntad. Pablo dice que los diáconos deben «amar todo lo bueno». Como es natural, este afecto del corazón nos llevará a tomar decisiones piadosas.

Como cristianos, podemos ejercitar nuestra voluntad de dos formas en cuanto a la santidad: admisión y rendimiento. Decidimos cómo alimentamos nuestras mentes y corazones, y optamos por los comportamientos que practicamos.

Pablo les presenta a los filipenses una norma elevada sobre los tipos de cosas a las que debemos exponer nuestras mentes y corazones: «Consideren bien todo lo verdadero, todo lo respetable, todo lo justo, todo lo puro, todo lo amable, todo lo digno de admiración, en fin, todo lo que sea excelente o merezca elogio» (Filipenses 4:8).

He escuchado a muchos adolescentes decir que no importa el tipo de música que escuchan porque no prestan atención a las palabras o que, de todas maneras, ya lo han visto y escuchado todo y por lo tanto una película con escenas cuestionables no representa un problema para ellos. Las personas en el campo de las comunicaciones piensan muy distinto. Cada palabra que escuchamos y cada imagen que vemos se registra en nuestro disco duro cerebral de innumerables gigas. Es por eso que podemos escuchar a esos mismos adolescentes cantando palabra por palabra y de memoria las mismas canciones a las que «en realidad no les prestaban atención».

Tenemos suficiente corrupción lanzada al rostro mediante los inevitables medios de comunicación, contactos sociales y nuestro sistema educativo. Donde sí tenemos el poder de decisión, debemos enseñarles a nuestros hijos a admitir solo lo que es puro.

Para todos nosotros, el fundamento del pensamiento puro es un profundo conocimiento de la Palabra de Dios. Cuando llenamos nuestra mente con sus pensamientos, Él transforma nuestras actitudes y dirige nuestras decisiones. Enseñarles a los hijos cómo aplicar la Biblia a las situaciones de la vida diaria será mucho más eficaz que obligarlos a conformarse a una lista de reglas inexplicables.

Como familia podemos aprender a obedecer las instrucciones de Pablo a los tesalonicenses: «Sométanlo todo a prueba, aférrense a lo bueno, eviten toda clase de mal» (1 Tesalonicenses 5:21-22). A los efesios les escribe: «Vivan como hijos de luz (el fruto de la luz consiste en toda bondad, justicia y verdad) y comprueben lo que agrada al Señor» (Efesios 5:8-10).

Aquí tienes algunas preguntas que podemos hacer mientras tratamos de hacer decisiones santas en nuestro comportamiento:

1. ¿Se ajusta este comportamiento a mi conocimiento de la voluntad de Dios en su Palabra?
2. ¿Lo haría Jesús? ¿Me gustaría que me viera haciéndolo?
3. ¿Dañará a alguien?
4. ¿Beneficiará a alguien?
5. ¿Me beneficiará a mí?
6. ¿Atraerá a otros a Cristo?
7. ¿Coqueteo con la tentación?
8. ¿Cómo sería mi familia, mi iglesia o el mundo si todos hicieran esto?
9. ¿Me ayudará a cumplir mis metas?
10. Esto es bueno, ¿pero podría encontrar algo mejor?

Nos beneficiaría mucho recordar las palabras de Santiago: «Si a alguno de ustedes le falta sabiduría, pídasela a Dios» (Santiago 1:5).

Apártate

De Job se dijo que era «un hombre recto e intachable, que temía a Dios y vivía apartado del mal» (Job 1:1).

Evitar el mal es un trabajo a tiempo completo en un mundo que es cada vez más corrupto y enérgicamente hostil. El cristiano no tan solo lucha en contra de su corazón y sus pasiones egoístas, también lucha en contra de las trampas del diablo y el señuelo del placer maligno.

Muchas de las cualidades que hemos considerado en este libro implican estar separados del pecado, apartarse: no dado al mucho vino, no rebelde, no amigo del dinero, no calumniador, no arrogante, no irascible. Estas actitudes y acciones negativas pertenecen a los que viven en oscuridad espiritual, y nosotros tenemos la opción de rechazar estas características. «Dejemos a un lado las obras de la oscuridad y pongámonos la armadura de la luz. Vivamos decentemente, como a la luz del día, no en orgías y borracheras, ni en inmoralidad sexual y libertinaje, ni en disensiones y envidias» (Romanos 13:12-13).

«Dejemos a un lado» es un término fuerte para evitar la tentación o resistir el pecado. Nosotros no enviaríamos a nuestros hijos a jugar en la autopista con la advertencia de que eviten que los atropellen. Es mejor mantenerse alejados del entretenimiento, las actividades y relaciones cuestionables que tratar de evadir la arremetida de la tentación que se aproxima.

Nosotros podemos enseñarles a nuestros hijos a decir con David: «No me pondré como meta nada en que haya perversidad [...] no tendrá cabida en mí la maldad» (Salmo 101:3-4).

Sigue adelante

Los líderes de iglesias y todos los cristianos deben ser, entre otras cosas, irreprensibles, hospitalarios, amables, puros, fieles y con dominio propio.

Además, Pablo dice que Dios ha preparado buenas obras para que las hagamos y que nos ha dado el poder de hacerlas en Cristo Jesús: «Porque somos hechura de Dios, creados en Cristo

Jesús para buenas obras, las cuales Dios dispuso de antemano a fin de que las pongamos en práctica» (Efesios 2:10).

Cuando medito en los mandamientos de amar a Dios con todo mi corazón, con toda mi alma, con toda mi mente y con todas mis fuerzas, y a mi prójimo como a mí misma, enseguida considero cómo ese amor puede fluir en acciones prácticas. Podemos ayudar a nuestros hijos a desarrollar el hábito de pensar y actuar así con el ocasional aviso: «¿Qué puedes hacer hoy para demostrarle el amor de Dios a otra persona?».

Practica la santidad

Pablo ilustra la disciplina de la vida piadosa mediante el uso de las analogías deportivas. Se refiere a una carrera, a una lucha de boxeo, al entrenamiento y al ejercicio.

El verano pasado conocí a Eric, un chico de ocho años de edad que casi no podía caminar del punto A hasta el punto B, sin hacer un salto mortal de lado o un salto de frente en el camino. A veces solo caminaba con sus manos en vez de con los pies. Era obvio que el chico tenía un talento natural, pero eso no basta para llegar a ser un atleta de nivel mundial. A Eric lo descubrió un buscador de talentos y ahora lo entrenan bajo un régimen de dieta y ejercicios. Su entrenamiento será cada vez más riguroso mientras crece. Si posee el impulso interno para llegar a ser el mejor, sacrificará todos los demás intereses, comodidades, descanso y actividades sociales, no una, sino repetidas veces, por muchos años. Pablo dice: «Golpeo mi cuerpo y lo domino, no sea que, después de haber predicado a otros, yo mismo quede descalificado» (1 Corintios 9:27). Mi joven amigo entenderá lo que Pablo quiso decir. Ser un atleta requiere disciplina. Así también el ser santo.

Por eso Pablo le escribe a Timoteo: «Ejercítate en la piedad, pues aunque el ejercicio físico trae algún provecho, la piedad es útil para todo, ya que incluye una promesa no solo para la vida presente sino también para la venidera» (1 Timoteo 4:7-8).

Mira hacia arriba

Nuestro mundo parece ser un escenario poco probable en el cual desempeñar un papel de santidad. El paisaje se desgasta y casi siempre la audiencia es antagónica.

No obstante, esa es solo parte de la historia. A la vez que el drama divino se despliega sobre el planeta Tierra, otros papeles se representan en los campos celestiales, bajo la observación y actuación de ángeles y demonios. El libreto se escribió. El final está asegurado... y muy cerca.

Los hijos poseen un fuerte sentido de la realidad de otro mundo. A menudo son los que nos muestran cómo separarnos de lo material y mundano, a fin de mirar hacia arriba. Necesitamos escuchar sus recordatorios de que este mundo no es nuestro hogar.

No puedo prometerles a mis hijos que nada malo les va a suceder jamás. Puedo asegurarles, sin embargo, que en el cielo no hay varicela. Que allí no se pierde el dinero de su almuerzo. Que no hay abusadores de la escuela, citas rotas, granitos en la cara ni accidentes de patines. No hay mamás gruñonas.

La Biblia dice que nuestros ojos nunca han visto ni nuestras mentes han concebido las maravillas que allí nos esperan (1 Corintios 2:9). Los niños pueden crear grandes posibilidades cuando su imaginación comienza a trabajar. Esta es la esperanza que pone en perspectiva el resto de la vida.

Si la meta de la vida de Sara fuera ir a Disneylandia, no tendría que dejar de gritarle a su hermano con tal de ir. No tendría razón alguna para demostrarle bondad al pobre. No obstante, si su meta (y la mía y la tuya) es ir al cielo, la vida de piedad cobra un nuevo significado y motivación.

Al apuntar nuestras pequeñas flechas hacia el blanco de la madurez cristiana, formamos sus caracteres a medida que Dios los capacita para la vida en el reino.

Listos, apunten...

> Dios ha manifestado a toda la humanidad su gracia, la cual trae salvación y nos enseña a rechazar la impiedad y las pasiones mundanas. Así podremos vivir en este mundo con justicia, piedad y dominio propio, mientras aguardamos la bendita esperanza, es decir, la gloriosa venida de nuestro gran Dios y Salvador Jesucristo. Él se entregó por nosotros para rescatarnos de toda maldad y purificar para sí un pueblo elegido, dedicado a hacer el bien. Esto es lo que debes enseñar.
>
> Tito 2:11-15

Preguntas para reflexión y meditación adicional

1. ¿Cómo describirías la santidad?
2. ¿Cómo se desempeñan tú y tus hijos en las siguientes esferas?
   - Anhelo de santidad
   - Demostración de la santidad
   - Decisión por la santidad
   - Admisión
   - Rendimiento
   - Evitar la maldad
   - Hacer el bien
   - Práctica de la santidad
   - Mirar hacia arriba
3. «Ya que han resucitado con Cristo, busquen las cosas de arriba, donde está Cristo sentado a la derecha de Dios. Concentren su atención en las cosas de arriba, no en las de la tierra» (Colosenses 3:1-2). ¿Cómo pueden tú y tus hijos poner sus mentes y corazones en las cosas de arriba?

4. ¿Qué rasgos del carácter te gustaría repasar y mejorar aun más con tu familia?
    - Dominio propio
    - Creencia
    - Digno de confianza
    - Hospitalario
    - Pureza sexual
    - Apacible
    - No se irrita con facilidad
    - No es arrogante
    - No es adicto al vino
    - No es amigo del dinero
    - No es calumniador
    - Santo

Notas

Capítulo 1: En busca del blanco

1. Gene Getz, *La Medida del Líder*, Editorial Unilit, Miami, FL, 1974, p. 19 (del original en inglés).

Capítulo 2: Dominio propio

1. W.E. Vine, *Diccionario Expositivo de palabras del Antiguo y el Nuevo Testamento, Exhaustivo*, Editorial Caribe, Nashville, TN, 1999, pp. 854-855.
2. Merrill F. Unger, *Unger's Bible Dictionary*, Moody, Chicago, 1966, 1076.
3. Daniel Goleman, *Emotional Intelligence*, Bantam, Nueva York, 1995, pp. 80-82.
4. *Ibíd.*, p. 34.

Capítulo 3: Creencia

1. Gordon T. Smith, *Beginning Well*, InterVarsity Press, Downers Grove, IL, 2001, p. 30.
2. *Ibíd.*, p. 125
3. *Ibíd.*, p. 35
4. Jay Kesler y Paul Woods, *Energizing Your Teenager's Faith*, Group Publishing, Loveland, CO, 1990.

Capítulo 4: Digno de confianza

1. R. Kent Hughes, *Disciplines of a Godly Man*, Crossway, Wheaton, 1991, p. 124
2. Mark Buchanan, *Your God Is Too Safe*, Multnomah, Sisters, OR, 2001, p. 96.
3. Las circunstancias atenuantes se tendrían que tomar bajo consideración: los padres de Juanito están en trámites de divorcio, su abuelo acaba de fallecer, él tiene fiebre, se siente demasiado cansado, pero ninguna de estas cosas justifica su comportamiento. No obstante, la situación particular podría determinar la severidad de las consecuencias. También Robertico debe asumir la responsabilidad por haber provocado a Juanito, de ser este el caso. Un niño con un problema de comportamiento de índole neurológico o impulsividad congénita, también necesita sentir las consecuencias de su comportamiento, sea que tenga o no plena capacidad para controlarlo.
4. Henry Cloud y John Townsend, *Límites*, Editorial Vida, Miami, FL, 2000, p. 99.
5. *Ibíd.*, p. 109.
6. Paul Aurandt, ed., *More of Paul Harvey's the Rest of the Story*, Bantam, Nueva York, 1981, pp. 136-38.

Capítulo 6: Pureza sexual

1. Greg Johnson y Mike Yorkey, *Faithful Parents, Faithful Kids*, Tyndale, Wheaton, 1993, p. 151.
2. Dra. Meg Meeker, *Epidemic: How Teen Sex Is Killing Our Kids*, Lifeline Press, Washington, D.C., 2002.
3. Joshua Harris, *Le dije adiós a las citas amorosas*, Editorial Unilit, Miami, FL, 1997, p. 88 (del original en inglés).
4. Getz, *La Medida del Líder*, p. 30 (del original en inglés).

5. Joseph M. Stowell, *El control de la lengua*, Centro de Literatura Cristiana, Bogotá, Colombia, 1996, p. 71 (del original en inglés).

6. ADD Health National Longitudinal Study on Adolescence Health (ADD Health), www.cpc.unc.edu/addhealth (agosto de 2002).

Capítulo 7: Apacible

1. Getz, *La Medida del Líder*, p. 125 (del original en inglés).

2. «Territorial Behavior in Chimpanzees», www.chimpanzoo.arizona.edu/atudy/terrotor.html (agosto de 2002).

Capítulo 8: No se irrita con facilidad

1. Vine, *Diccionario Expositivo*, p. 323.

2. *Ibíd.*, pp. 322-323.

3. Stowell, *El control de la lengua*, p. 94 (del original en inglés).

4. Glenn Taylor y Rod Wilson, Exploring Your Anger, Baker, Grand Rapids, MI, 1997, p. 10.

5. Goleman, *Emotional Intelligence*, p. 171.

6. *Ibíd.*, p. 60.

7. Vine, *Diccionario Expositivo*, p. 48.

Capítulo 9: No es arrogante

1. Frank E. Gaebelein, *Expositor's Bible Commentary*, vol. 2, Zondervan, Grand Rapids, MI, p. 431.

2. Vine, *Diccionario Expositivo*, p. 205.

Capítulo 10: No es adicto al vino

1. Aspen Education Group, www.aspeneducation.com/factsheet-substance.html (19 de junio de 2003).
2. *Ibíd.*
3. Goleman, *Emotional Intelligence*, p. 254.
4. *Ibíd.*

Capítulo 11: No es amante al dinero

1. Vine, *Diccionario Expositivo*, p. 166.
2. Bread of the World Institute, http://www.bread.org/hungerbasics/international.html (25 de agosto de 2003).
3. Tomado de un panfleto informativo de Jugadores Anónimos.
4. Phil Callaway, *Who Put My Life on Fast Forward?*, Harvest House, Eugene, OR, 2002, p. 186.

Capítulo 12: No es calumniador

1. Michael P. Green, ed., *Illustrations for Biblical Preaching*, Baker, Grand Rapids, MI, 1982, p. 175.
2. Vine, *Diccionario Expositivo*, p. 137.
3. Cita tomada de Green, *Illustrations for Biblical Preaching*, p. 175.
4. R. Kent Hughes, *Disciplines of a Godly Man*, Crossway, Wheaton, 1991, p. 133.

Capítulo 13: Santo

1. Getz, *La Medida del Líder*, p. 199 (del original en inglés).

Margaret Buchanan cría hijos, ríe y escribe en su hogar cerca de Montreal, Canadá. Publica artículos y participa en conferencias sobre temas de familia, fe, educación cristiana y cultura. Su primer libro es *Famous Jerks of the Bible*. Su segundo libro es *Crianza con propósito*.